Werner Betz
Udo Vits
Sonja Ampssler

RISS IN DER MATRIX

Begegnung mit einer anderen Dimension

Werner Betz
Udo Vits
Sonja Ampssler

RISS IN DER MATRIX

Begegnung mit einer anderen Dimension

„Riss in der Matrix"
1. Auflage Mai 2019

Ancient Mail Verlag Werner Betz
Europaring 57, D-64521 Groß-Gerau
Tel.: 00 49 (0) 61 52/5 43 75, Fax: 00 49 (0) 61 52/94 91 82
www.ancientmail.de
Email: ancientmail@t-online.de

Verantwortlich für die Produktsicherheit:
Ancient Mail Verlag – Werner Betz
Europaring 57, 64521 Groß-Gerau
Email: ancientmail@t-online.de

Bibliografische Information der Deutschen Nationalbibliothek:
Die Deutsche Nationalbibliothek verzeichnet diese Publikation in der Deutschen Nationalbibliografie; detaillierte bibliografische Daten sind im Internet über http://dnb.dnb.de abrufbar.

Coverfotos Titelseite: Werner Betz
Covergestaltung: Sandra Schmidt
Druck: Digital Print Group O. Schimek GmbH

ISBN 978-3-95652-272-7

Inhalt

Abb. 1: Auf den ersten Blick ist nicht zu erkennen, welches Geheimnis sich hinter diesem im Salstal verborgenen, beschaulichen Flecken Erde verbirgt.
(Foto: Werner Betz, 2017)

Einleitung

Was bringt einen Flugzeugpiloten und Ingenieur dazu, sein Großstadtleben in Paris aufzugeben, und gegen das einfache, entbehrungsreiche Leben in einem einsamen, verwilderten Tal, in Südfrankreich einzutauschen?

Wenn man einmal von der spezifischen Familiengeschichte, von der Herkunft, der Erziehung, dem Milieu, den Kindheitseindrücken, zeitgeistigen Einflüssen usw. absieht, die natürlich, wie bei jedem anderen Menschen auch, mehr oder weniger prägend gewirkt haben, dann scheint aber trotzdem ein ganz bestimmtes Ereignis die eigentliche Initialzündung gewesen zu sein. Aber wie kam es dazu?

Dieses Buch soll sich mit seiner Geschichte beschäftigen, vor allem aber mit seinen unglaublichen Aufzeichnungen, die er uns hinterlassen hat und in denen von Denkfehlern der Menschen und von Leben auf fremden Welten berichtet wird.

Nachrichten aus einer anderen Dimension? Das klingt auf den ersten Blick ein wenig unglaublich und bedarf natürlich einer näheren Überprüfung. Doch als ich die Übersetzung dieser Aufzeichnungen in Händen hielt, war mir sofort eines klar: Diese Texte haben mathematische, physikalische und technische Fakten zum Inhalt, die unsere derzeitigen Kenntnisse überschreiten, korrigieren oder ergänzen. Wir müssen uns in der Tat fragen, woher dieses Wissen stammt.

Wir – die Autoren dieses Buches – hoffen, dass es Fachleute gibt, die bereit sind, die Aussagen von Jean de Rignies‘ Aufzeichnungen zu überprüfen, auch wenn sie dabei zu dem Schluss kommen könnten, dass dieses Wissen vielleicht über unserem steht und nicht von unserer Erde stammt.

Doch lesen Sie selbst und bilden Sie sich Ihre Meinung ...

Wer war Jean de Rignies

von Udo Vits

Abb. 2: Jean de Rignies (1919 – 2001)

Jean de Rignies – ein weitgehend unbekannter, ungeachtet dessen jedoch außerordentlich bemerkenswerter Mann, der von sich behauptete, sowohl mit Dr. Gérard Encausse, besser bekannt als Papus, als auch mit der russischen Zarenfamilie, mit den Romanows, in verwandtschaftlicher Beziehung zu stehen. Geboren 1919, als Jean Charlatte, in Marseille, absolvierte er nach dem Schulabschluss ein Ingenieurstudium. Bei Ausbruch des 2. Weltkrieges zum Militär eingezogen, wurde er zum Piloten ausgebildet und als Jagdflieger (Nachtjäger) eingesetzt.

Abb. 3: Dr. Gérard Encausse, in Deutschland besser bekannt unter dem Namen „Papus“.

Gegen Kriegsende geriet Jean wegen einer dubiosen Geschichte, ins Militärgefängnis. Jean soll lediglich einen deutschen Offizier auf der Straße militärisch gegrüßt haben, und wegen dieser Bagatelle denunziert und daraufhin verurteilt worden sein, weil er mit dem Gegner fraternisiert hätte. Seine Kameraden setzten sich für ihn ein und erreichten es, dass General DeGaulle sich des Falles persönlich annahm. Das Urteil wurde aufgehoben und Jean Charlatte galt danach als rehabilitiert. Kontakte zwischen ihm und dem General und späteren Ministerpräsidenten DeGaulle, bestanden offenbar noch für eine ganze Zeit weiter.

Doch Jean verließ erst einmal Frankreich und ging nach Italien, wo er etwa sechs Monate lang ein renommiertes Musik-Konservatorium besuchte und sich von Mario del Monaco zum Opernsänger ausbilden ließ.

Abb. 4: Jean de Rignies als Kadett.

Auf dem Konservatorium erreichte ihn ein Angebot aus Frankreich, von einer großen Bühne, die ihn als Wagnerinterpret verpflichten wollte. Dieses verlockende Angebot zerschlug sich jedoch in der Folge. Da seine alten Kontakte zum Verteidigungsministerium immer noch bestanden, wurde Jean de Rignies, wie er sich inzwischen nannte, in seinem Beruf als Straßenbauingenieur tätig und arbeitete hin und wieder auch an Projekten für das Ministerium. Im Rahmen dieser Tätigkeit verschlug es ihn nach Kanada. Dort blieb er jedoch nur etwa sechs Monate. Das Klima sagte ihm überhaupt nicht zu. Ihm war Kanada schlicht und ergreifend, einfach zu kalt.

Von Kanada aus wandte er sich nach Marokko. Dort baute er zwei Jahre lang Straßen, bis im Jahr 1963 der langanhaltende, ergebnislose Grenzkrieg zwischen Marokko und Algerien ausbrach, wegen dem er Marokko verlassen musste und dabei alles verlor, was er sich bis dahin erarbeitet hatte.

Zuvor jedoch erlebte Jean de Rignies, im Jahr 1962, ein ganz besonderes Abenteuer: Der erste Vorfall, der in einem direkteren Zusammenhang mit der eigentlichen Geschichte, um die es hier geht, zu stehen scheint. Gemeinsam mit einem Kollegen war er unterwegs von Ouarzazate nach Aït-ben-Haddou. Sie wollten dort Vermessungsarbeiten für das Straßenprojekt, die heutige Fernstraße P 1506, im Ounila-Tal vornehmen. Mitten in der Wüste sahen die zwei Männer in einiger Entfernung ein Fahrzeug stehen, bei dem sich mehrere Personen bewegten. In der Annahme, dass sich eine Panne oder ein Unfall ereignet hätte, fuhren die Beiden auf jene Stelle zu. Als sie sich dem Fahrzeug näherten, gewannen sie mehr und mehr den Eindruck, dass hier irgendetwas nicht zu stimmen schien. Denn je deutlicher sie das Fahrzeug erkennen konnten, umso fremdartiger wirkte es. Es glich keinem anderen Objekt, welches sie jemals zuvor gesehen hatten, schien weder ein Flugzeug noch ein Landfahrzeug zu sein. Hatte am ehesten noch Ähnlichkeit mit einem Schiff, welches aber hier, mitten in der Wüste, völlig fehl am Platz gewesen wäre.

Eine der fremden Personen kam ihnen auf dem letzten Stück entgegen. Ihn sprach Jean an und fragte, ob die Männer Hilfe benötigten. Das verneinte der Fremde. Alles wäre in Ordnung, sie hätten wegen eines Navigationsfehlers landen müssen, um sich zu orientieren. Jean öffnete seine Kartentasche, entnahm ihr eine Landkarte und überreichte sie dem Fremden, der nur eine kurze Erklärung benötigte, bis er begriffen hatte, worum es sich bei dieser Zeichnung handelte. Seine weiteren Fragen ließen aber Interesse an Geographie und Astronomie gleichermaßen erkennen. Dann zog er seinerseits einen Gegenstand aus seiner Kleidung hervor, den Jean als einen dünnen Bogen silbern glänzender Metallfolie beschrieb. Mit dieser Folie bedeckte der Fremde Jeans Landkarte, für einen kurzen Moment, faltete die Folie anschließend wieder zusammen und gab ihm dankend die Landkarte zurück. Wir würden diesen Vorgang heute als einen Scan erkennen und uns weitaus weniger darüber wundern als ein Mann, der die wohl einmalige Gelegenheit hatte, so etwas bereits in den 1950er Jahren zu beobachten.

Ziemlich verdutzt stellte Jean während des Wortwechsels fest, dass der Fremde überhaupt nicht gesprochen hatte. Er hatte weder den Mund bewegt, noch sonst eine Lautäußerung von sich gegeben, trotzdem aber Jeans Fragen beantwortet. Der Fremde schien irgendeine Art telepathische Kommunikation zu beherrschen. Während des gesamten Vorfalls verspürten Jean und sein Freund zu keiner Zeit Angst. Sie fühlten sich nicht bedroht, stießen nicht einmal auf Ablehnung, merkten aber, dass die Fremden keine Erklärungen irgendwelcher Art abgeben wollten. Jean verzichtete aus diesem Gefühl heraus darauf, neugierige Fragen zu stellen. Vom Inhalt des ohnehin nur sehr kurzen Gesprächs mit dem Fremden blieb ihm nur eine Bemerkung fest im Gedächtnis haften, die der Fremde gewissermaßen zum Abschied, an ihn gerichtet machte: „Wir werden uns wahrscheinlich noch einmal begegnen." Dann stiegen die Fremden in ihr Fahrzeug und flogen davon. Erst in dem Moment wurde dem ehemaligen Piloten Jean eindeutig klar, dass das seltsame Fahrzeug der Fremden ein Flugobjekt war.

Niemand scheint auch jemals auf die Idee gekommen zu sein, wenigstens Jean danach zu fragen, wie sein Begleiter sich während des Vorfalls verhielt und wie er ihn später aus seiner eigenen Erinnerung heraus beschrieb. Denn die beiden Männer werden sich ja bestimmt anschließend über ihr Erlebnis unterhalten haben. So ist leider nicht mehr zu erfahren, ob Jeans Begleiter von der telepathischen Kommunikation zwischen Jean und dem Fremden ausgeschlossen war, oder er alles genau so „empfing" wie Jean.

Der Ort, an dem sich dieser Vorfall ereignete, ist den Wüstenbewohnern ein Begriff. Er steht in dem Ruf, dass sich dort rätselhafte Dinge ereignen und wird deshalb gemieden. Gemeinsam mit einem Freund unterhielt ich mich mit dessen Bekannten, einem gebürtigen Algerier, über den Vorfall und insbesondere über jenen Ort in der Wüste. Der Algerier bestätigte den unheimlichen Ruf.

In seinem Arbeitsbericht, für die „Société Générale d´Etudes de Travaux d´Irrigation au Maroc“ (S.O.G.E.T.I.M.), schilderte Jean de Rignies wahrheitsgemäß den Vorfall. Doch bei seinem Arbeitgeber löste er damit, wie kaum anders zu erwarten, lediglich Befremden aus. Die Angelegenheit wurde unter den Tisch gekehrt und Jean hielt es für klüger, keine Affäre daraus zu machen, zumal die Geschichte mit seinen eigentlichen Aufgaben als Ingenieur nichts zu tun hatte.

Abb. 5: Die Taourirt Kasbah in Ouarzazate, von wo aus ich im Oktober 1989 die Fernstraße P 1506 nach Aït-ben-Haddou befuhr, noch ohne zu ahnen, dass ich auf den Spuren von Jean de Rignies wandelte. (Foto: Werner Betz)

Abb. 6: Angekommen in Aït-ben-Haddou, das auch Jean de Rignies bereits fast 40 Jahre vorher in dieser Form beeindruckt haben dürfte. (Foto: Werner Betz)

Doch ein anderes Ereignis sollte bestimmend für seinen weiteren Lebensweg werden.

Noch in Marokko, hatte er jenen Traum. Renée Vanooteghems Schilderungen zufolge, will Jean geträumt, und im Traum eine Stimme gehört haben – er zweifelte niemals daran, dass es die Stimme von Maître Philipp, seinem spirituellen Führer, gewesen ist. Auf diese Weise scheint er den „Auftrag" erhalten zu haben, das Werk von Maître Philipp fortzusetzen. „Du sollst nach Frankreich zurückkehren, und irgendwo, im ehemaligen Aquitanien, im Aude oder im Ariège, bei Oloron-Sainte-Marie oder bei Carcassonne, einen Ort suchen, an dem Du eine Salzwasserquelle, ein altes Kloster und ein Château vorfinden wirst."

Der wesentliche Kern in Maitre Philippes Botschaft an Jean de Rignies bestand darin, nach einer geheimnisvollen Stadt namens Othanika zu suchen, gegründet von Überlebenden des untergegangenen Atlantis. Der Ort, an dem diese Anlage zu finden sei, befände sich in dem vom Maitre Philippe beschriebenen Tal.

Abb. 7: Maitre Philippe de Lyon mit seinem Barsoi, einem Geschenk des russischen Zaren.

Zurück in Paris, lernte er Renée Vanooteghem kennen und arbeitete eine Zeit lang in der Möbelspeditions-Firma welche Renée´s Ehemann Léon gehörte. Es gelang ihm, an einige seiner alten Kotakte ins Ministerium wieder anzuknüpfen. Später trat ein schweizer Investmentunternehmen an ihn heran, in dessen Auftrag er einen Yachthafen an der Mittelmeerküste projektieren sollte. In Frankreich kam es jedoch bald darauf zu innenpolitischen Verwicklungen, die u.a. dazu führten, dass sich der Schweizer Investor zurückzog (Zwischen 1967 und 1969 geriet de Gaulle zunehmend in innenpolitische Schwierigkeiten; nach der Niederlage bei einer Volksabstimmung über die Verwaltungsreform Frankreichs trat er 1969 zurück). Jean blieb auf seinem fast fertigen Projekt sitzen, und sah für die immense Entwicklungsarbeit, die er geleistet hatte, und für die Kosten, die ihm dabei entstanden waren, keinen einzigen Sou.

Zu diesem Zeitpunkt geriet ihm de Sèdes erstes Buch „L'Or de Rennes-le-Château" in die Hände. Bei der Lektüre scheint es ihm nicht viel anders ergangen zu sein, als mir selber auch, und unzähligen anderen begeisterten Lesern.

Das Buch war der Auslöser für eine Reise, nach Rennes-le-Château, das Jean sehr genau in Augenschein nahm. Und wie die meisten Ankömmlinge machte er die erste Bekanntschaft mit Henri Buthion, erzählte ihm von seiner Suche und wohnte zuerst für einige Zeit in dessen Hotel. Bis zu Buthions Tod, im Jahr 1995, blieb Jean in enger Freundschaft mit dem Eigentümer von Abbé Saunières Anwesen verbunden.

Gemeinsam mit seiner ältesten Tochter Agnes ließ sich Jean schon bald in Rennes-les-Bains nieder. Im Verlaufe einer seiner vielen Exkursionen folgte er im Jahr 1970 dem Lauf der Sals flussaufwärts und gelangte so bis an den obersten Zipfel des Salstals.

Abb. 8: Henri Buthion (Foto: Jean de Rignies, 80er Jahre)

Abb. 9: Mit einem solchen Möbelwagen der Spedition L. Vanooteghem kam Jean mit seiner Familie in den Pyrenäen an. Der Wagen rostete noch einige Jahre nach dem Tod von Jean nahe der Domaine vor sich hin.

Beim Wasserfall an der Straße angelangt, blieb ihm nichts anderes mehr übrig, als seinen Weg im Flussbett fort zu setzen, weil in dem völlig verwilderten Talabschnitt zu der Zeit kein Weg weiter führte. So kämpfte er sich durch die Wildnis aufwärts, bis er schließlich die Quelle erreicht hatte – La Fontaine Salée. An dem Ort stimmten alle Merkmale mit jenen aus seiner Vision überein. Jean hatte den Platz, den ihm Maître Philippe gewiesen hatte, gefunden. In den Ruinen bei der Quelle erkannte er sowohl die Überreste des alten Châteaus als auch die eines ehemaligen kleinen Klosters aus der Zeit Karls des Großen, wie er später herausfand. Zurück gekommen von seinem Ausflug, suchte er nach dem Eigentümer des Geländes an der Salsquelle. Zu seiner größten Überraschung, stellte es sich heraus, dass sein Vermieter in Rennes-les-Bains das Landrecht in Besitz hatte. Jean kaufte dem Mann das Anwesen ab und pachtete später noch 600 Hektar Land hinzu.

Abb. 10: Das Wohnhaus nach dem Ausbau.
(Foto: Jean de Rignies)

Ab den 1970er Jahren traten am und rings um den Bugarach jene Aufsehen erregenden und vielbeschriebenen Leuchtphänomene auf. Jean beobachtete diese Vorgänge sehr genau und erforschte sie, so gut das ihm möglich gewesen ist.

Am 05.11.1990 kam es zu einer der spektakulärsten Sichtungen. Über dem Salstal, abwärts, Richtung Rennes-le-Château, wurde eine gleißend helle Lichtkugel gesichtet, die außer von Jean, auch von anderen Zeugen, auf ungefähr 1km Größe geschätzt worden ist. Wie sich später herausstellte, ist dieses Phänomen an anderen Orten, überall in Europa, an jenem Tag zu unterschiedlichen Tageszeiten ebenfalls beobachtet worden. Nachrichten davon trafen aus vielen Ländern ein.

Abb. 11 und 12: Aufnahmen einer Sichtung von Jean de Rignies, die jedoch nicht an der Sals, sondern in Spanien (nähere Angaben zum Ort sind nicht mehr bekannt) entstanden sind. (Fotos: Jean de Rignies)

Jean konzentrierte sich während der gesamten Zeit auf die Erforschung und Erkundung dieses Platzes. Und dieser Platz an der Sals-Quelle scheint es, im wahrsten Sinne des Wortes, in sich zu haben. Jean de Rignies vertrat bis zu seinem Tode die felsenfeste Überzeugung, dass er hier, in dem Tal, in dem er lebte, tatsächlich die Überreste des atlantischen Othanica vorgefunden hat. Zwei unterirdische Tempelanlagen, Grabstätten von Riesen und die Überreste von anderen Objekten, die einstmals zu eben jener atlantischen Kolonie gehört haben sollen.

Doch damit nicht genug, soll sich hier im Untergrund überdies auch noch eine extraterrestrische Basis befinden, mit deren Kommandanten Jean de Rignies Kontakt gehabt haben will. Im Verlaufe mehrerer Begegnungen hätte dieser Kommandant, der sich Lilor nannte, dem Menschen Jean de Rignies Wissen übermittelt.

Mit diesem Wesen soll Jean praktisch in dem gesamten Zeitraum, in dem er an der Sals lebte, in Kontakt gestanden haben. Im Lauf der Jahre wäre Jean mehrmals mit dem ET persönlich zusammen getroffen. Lilor, so der Name des ET; gab sich als Kommandant der unterirdischen Basis zu erkennen, die sich kilometerweit im Untergrund, rings um den Pech de Bugarach, erstreckt.

Den Namen des Basiskommandanten trägt heute Jeans riesiger Hund, der sich nicht lange nach Jeans Tod, im Jahr 2002, an mich angeschlossen hat – oder ich mich an ihn. Ich denke, dass diese Erlebnisse – und um Erlebnisse, nicht um Phantastereien oder Einbildungen scheint es sich dabei tatsächlich zu handeln – verständlicherweise einen tiefen und nachhaltigen Eindruck bei Jean hinterließen. Der Mann muss Dinge erlebt haben, über die er sich später mit kaum einem anderen Menschen richtig aussprechen konnte, weil dafür einfach die erforderliche Verständigungsbasis fehlte. Selbst Renée, die Frau, die ihm in den letzten Jahren seines Lebens, bis zu seinem Tod, am nächsten stand, scheint nur Teilkenntnisse zu besitzen.

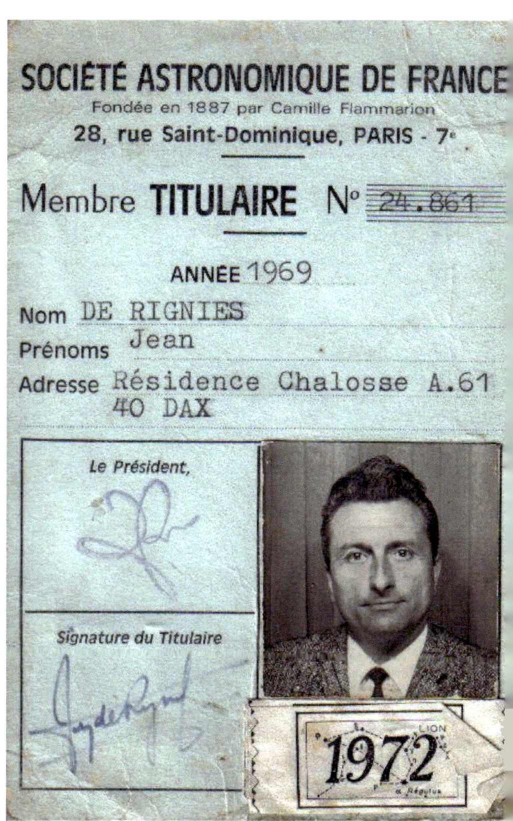
SOCIÉTÉ ASTRONOMIQUE DE FRANCE
Fondée en 1887 par Camille Flammarion
28, rue Saint-Dominique, PARIS - 7e

Membre TITULAIRE N° 24.861

ANNÉE 1969
Nom DE RIGNIES
Prénoms Jean
Adresse Résidence Chalosse A.61
40 DAX

Le Président,

Signature du Titulaire

LION
1972

Abb. 13: Jean de Rignies Mitgliedsausweis der Astronomischen Gesellschaft von Frankreich.

Jean de Rignies führte seine Forschungsarbeiten bis zu seinem Tod, im Jahr 2001, weiter fort, und hinterließ außer den Erinnerungen an einen großartigen Mann, ein Archiv mit Ergebnissen seiner dreißigjährigen Forschungsarbeit. Ab dem Jahr 2003 übernahm ich Jeans Erbe. Renée Vanooteghem, seine langjährige Lebensgefährtin, betrachtete mich als Jeans Nachfolger und seit dieser Zeit setze ich das Werk von Jean de Rignies fort.

Renée hatte mir im Verlauf der vielen Jahre, in denen ich bei ihr auf der Domaine de la Sals lebte, nach und nach den größten Teil von Jeans Aufzeichnungen, Fotos und diversen Papieren überlassen. Darunter befand sich das Notizbuch, in dem Jean die Informationen festhielt, die ihm von Lilor übermittelt worden sind. Zwar ahnte ich, dass ich mit diesem Notizbuch wahrscheinlich ein wertvolles Dokument in meinen Händen hielt. Immerhin reichten meine bescheidenen Sprachkenntnisse aus, um zu begreifen, dass komplizierte mathematische, physikalische und astronomische Sachverhalte erörtert wurden, in denen Jean Einsteins Relativitätstheorie relativierte, während er an anderer Stelle mit einer endlichen Zahl Pi zu rechnen schien. So ist es nicht verwunderlich, dass mein Freund und

Verleger, Werner Betz, in helle Aufregung geriet, als ich ihm von Jeans Notizen erzählte und ihm das Buch vorlegte. Spontan fasste er den Entschluss, das komplette Notizbuch müsse unbedingt veröffentlicht werden. Und so schlug er mir vor, die Sache selber in die Hand zu nehmen, für eine saubere Übersetzung zu sorgen und in einem Buch eine der möglicherweise spannendsten „UFO-Affären" zu erzählen, welche sich tatsächlich ereignet hat. Gesagt, getan ...

Abb. 14: Die Domaine de la Sals im Jahr 2014. (Foto: Udo Vits)

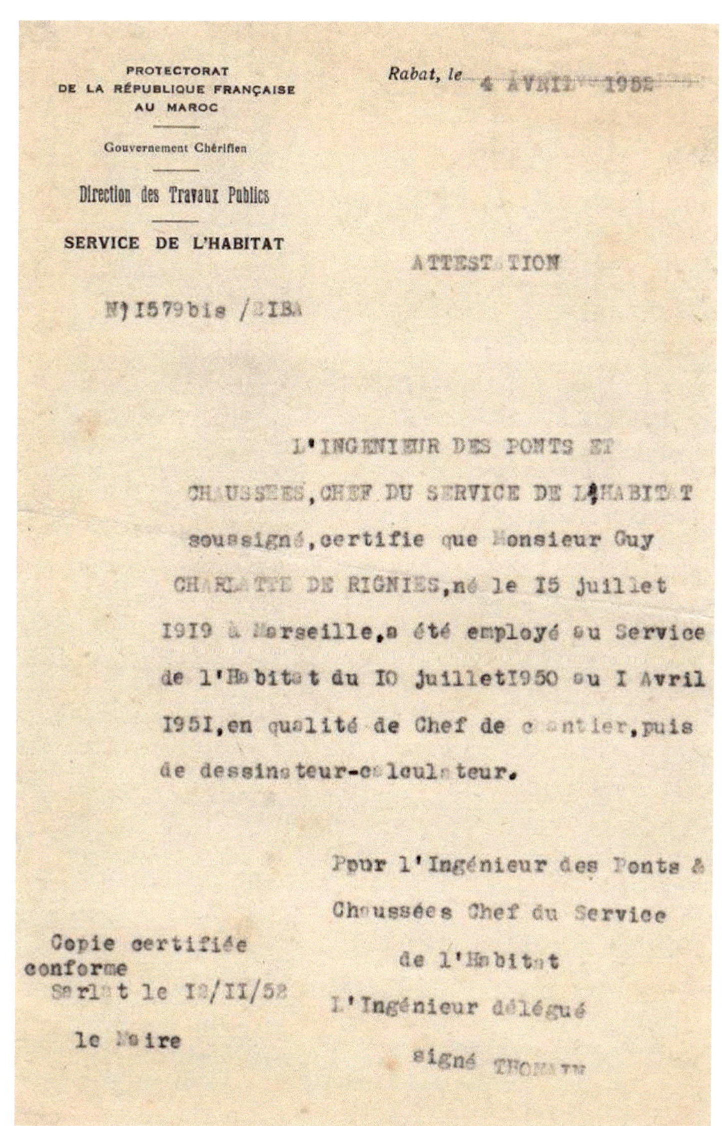

PROTECTORAT
DE LA RÉPUBLIQUE FRANÇAISE
AU MAROC

Gouvernement Chérifien

Direction des Travaux Publics

SERVICE DE L'HABITAT

Rabat, le 4 AVRIL 1952

N° 1579bis /SIBA

ATTESTATION

L'INGENIEUR DES PONTS ET CHAUSSEES, CHEF DU SERVICE DE L'HABITAT soussigné, certifie que Monsieur Guy CHARLATTE DE RIGNIES, né le 15 juillet 1919 à Marseille, a été employé au Service de l'Habitat du 10 juillet1950 au 1 Avril 1951, en qualité de Chef de chantier, puis de dessinateur-calculateur.

Pour l'Ingénieur des Ponts & Chaussées Chef du Service de l'Habitat
L'Ingénieur délégué
signé THOMAIN

Copie certifiée conforme
Sarlat le 12/11/52
le Maire

Abb. 15: Bescheinigung des französischen Protektorats in Marokko über die Tätigkeit von Guy Charlatte de Rignies (später Jean de Rignies) von Juli 1950 bis April 1951 als Projektleiter im Straßenbau.

Abb. 16: Der von Jean nach seinem außerirdischen Kontaktmann benannte Hund Lilor bei dem kleinen, freigelegten megalithischen Kuppelbau nahe der Salsquelle im Jahr 2009. (Foto: Ingrid Kapitanj)

übersetzt von Kerstin Kämpf

Gesagt, getan ... Dieses Unterfangen erwies sich jedoch als gar nicht so einfach. Nachdem mir die Scans von Jeans Aufzeichnungen vorlagen, begann ich damit, nach jemandem zu suchen, der in der Lage war, diese zu übersetzen. Dabei stieß ich auch auf Ablehnung mit der Begründung, dass es sich hierbei um „wirres Zeug“ handele. Diese Auffassung wurde jedoch bald darauf revidiert durch eine Mathematikerin, die auf den ersten Blick erkannte, dass Jean hier offenbar Texte niedergeschrieben hat, die einen Bezug zu mathematischen und physikalischen Zusammenhängen haben.

Doch damit lag immer noch keine brauchbare Übersetzung der Texte vor. Als weitere Schwierigkeit stellte sich nämlich die Handschrift von Jean heraus, die nicht so einfach zu entziffern war. Erst die Kooperation einer Frau, die sich gut in Jeans Handschrift einlesen konnte, mit Kerstin Kämpf ermöglichte eine (fast) vollständige Entzifferung und Übersetzung der Aufzeichnungen. Diese sind auf den nachfolgenden Seiten Seite für Seite der Übersetzung gegenüber gestellt, so dass der Leser die Möglichkeit hat, den französischen Text unmittelbar mit der deutschen Übersetzung zu vergleichen.

Einige kleine Lücken waren trotz intensiver Bemühungen leider nicht zu füllen, wo Worte oder Teile von Worten der handschriftlichen Aufzeichnungen nicht zu entziffern waren. Außerdem gibt es Sätze oder Passagen in dem Text, die sich ein wenig holprig lesen lassen, was daher kommt, dass wir versucht haben, den Text möglichst authentisch wiederzugeben. Dabei ist aber auch zu beachten, dass Jean den Text nicht für eine Veröffentlichung vorgesehen und entsprechend ausformuliert hatte, sondern dass es sich lediglich um Notizen handelt, die er – teilweise sogar offenbar in Eile – nur für sich selbst erstellt hatte, vielleicht als Gedächtnisstütze.

Wie Sie gleich feststellen werden, handelt sich bei den Inhalten außerdem teilweise um Sachverhalte, deren Sinn und Zusammenhang ihm verborgen geblieben ist, genauso wie er sich uns beim Lesen des Textes noch nicht vollständig erschließt. Wir sehen die Texte daher auch als Denkanstoß für Physiker, Mathematiker oder Astronomen, und es würde uns freuen, wenn sich darunter welche finden, welchen es gelingt, den Inhalt dieser Botschaften mit Hilfe ihres Sachwissens zu entschlüsseln.

Und nun wollen wir uns auch gleich dem zuwenden, was Jean de Rignies von Lilor offenbar zu dem Zweck übermittelt bekam, es der Welt mitzuteilen.

Abb. 17: In diesem Heft hat Jean de Rignies aufgezeichnet, was ihm Lilor mitgeteilt hat und was auf den folgenden Seiten zu lesen ist. Rechte Abbildung: Umschlag innen.

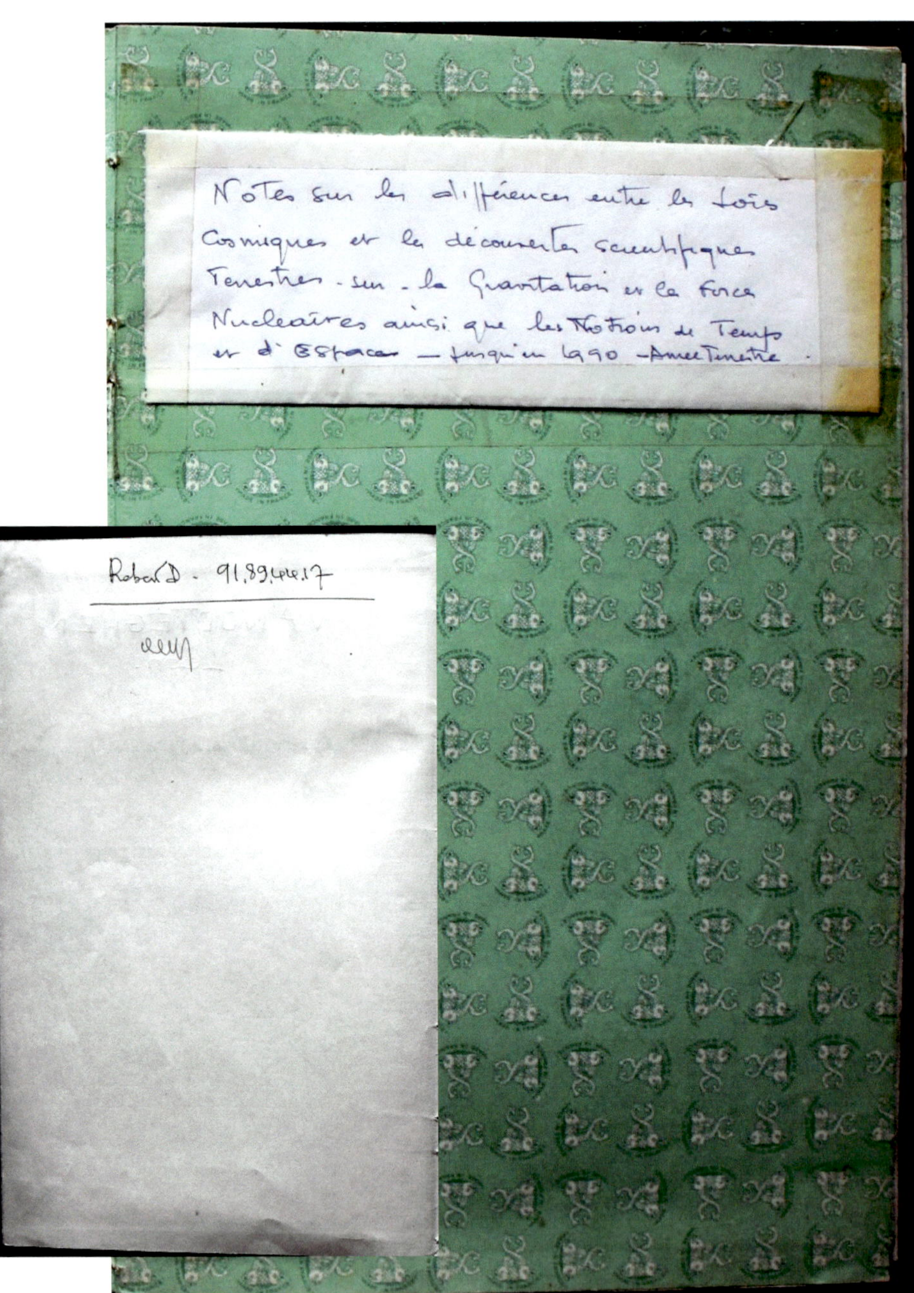
Notes sur les différences entre les Lois
Cosmiques et les découvertes scientifiques
Terrestres - sur - la Gravitation et la Force
Nucléaires ainsi que les Notions de Temps
et d'Espace — jusqu'en 1990 - Année Terrestre.
RobarD - 91.89.44.17

Notizen zu den Unterschieden zwischen den kosmischen Gesetzen und den wissenschaftlichen Entdeckungen auf der Erde über die Gravitation und die Kernkräfte sowie Anmerkungen zu Zeit und Raum – bis 1990 – Erdenjahr

(Links eingeblendet die Seite vor dem Inhalt, ohne Aussage)

1

Essai et
Notes sur
la Gravitation et
de certains phénomènes
Quantiques et sur certaines
erreurs de la Relativité d'Einstein
d'après la connaissance extérieure au
plan terrestre que je possède –
Etudes de Physique cosmique.
comparée aux connaissances terrestres
actuelles par rapport à nos connaissances
"Extra terrestres" — où en sont les
terriens ? Peut-on les aider + ?
en leur livrant les secrets de l'Energie sans
qu'ils s'en servent pour s'entre-tuer ?

Cosmogonie et Cosmologie
du Futur Terrestre.

Entwürfe und Notizen
zur Gravitation und
zu bestimmten Quantenphänomenen und gewisse
Fehler von Einsteins Relativitätstheorie
gemäß der äußeren Kenntnis des
Erdenplans, den ich kenne _
Studien zur Physik des Kosmos
Verglichen mit den
aktuellen irdischen Kenntnissen in Bezug auf unsere
„außerirdischen“ Kenntnisse _____ wo kommen darin
die Erdenbürger vor? Können wir ihnen helfen + ?
Indem wir Ihnen die Geheimnisse der Energie
offenbaren, ohne die sie sie *[die Energie]* nutzen
werden, um sich gegenseitig zu umzubringen?

Kosmogonie und Kosmologie
der Zukunft der Erde.

2

1° Partie – "Scientifique"

2° – La Future "Religion" Science"

1 { Les "erreurs" voulues de la "Bible"
4 { Les Preuves par la bible
2 { Les Ex. Ter. dans la Bible.
3. { Les soit-disant Dieu et Anges –
5 { Parallèle Colonies Terrestres et E.T –

3° { Science. Matérielle
{ Science de l'Esprit ou Connaissance de
l'ENERGIE UNIVERSELLE

x Passeport pour Caïn
x Nos ancêtres ont eu d'autres dieux que nous (Esaïe 26 – 13)
x Esaïe XIII – 4.5 – Ils viennent des terres lointaines du bout des cieux –
x Le royaume du monde est remis à notre Seigneur et à son Christ – (Ap. 11.15)
Avènement de N^e Jésus [illegible] le Christ –
x – Rencontre 3e Type [illegible]. Exode 32. (31.33)
xx Evacuation de la planète – 1. Thessaloniciens – 4 v (16.17.18)

Esaïe . 19 – 1. Nuée rapide

π – 3.14159265 4 ∞ . . . . –

π = 22/7 = 3.142857 | 142 (143) | 857 | 142 857 |

1ter Teil_ wissenschaftlich

2ter _ die zukünftigte „Religion“ Wissenschaft

1/die beabsichtigten „Fehler“ der „Bibel“
4/die Beweise für die Bibel
2/die Außerirdischen in der Bibel
3./Die sogenannten Gott und Engel
8 *[oder 5, [Ziffer unleserlich]]*[1]/Zeitgleiche Siedlungen auf der Erde und Extraterrestrisch
3ter/Materielle Wissenschaft
/Wissenschaft des Geistes bei Kenntnis der
UNIVERSELLEN ENERGIE

X Passdokument für Kain
X Die Vorfahren hatten andere Götter als wir (Essay 2b-13)
X XIII_4.5 Sie kommen aus weit entfernten Landen eines Teils *[?]* der Orte (AP.11.15)
X Das Königreich der Welt ist zu unserem Herrn und seinen Christus gekommen (Ap.11.15)
[Wort unleserlich: Auserwählung?] Des Herrn Jesus zum Christus
X Begegnung der dritten Art oder Exodus 32.(31.22)
XX Evakuierung des Planeten_ Thessalonienes_4 v (16.17.18)

Essay . 19 _I. schnelle *[Wort unleserlich]*

π . 3.141592654…∞…..

π = 22/7 =	3.142857	142	857	142857
		143		

[1] Alle Anmerkungen der Übersetzerin – die sich meist auf Unklarheiten im handschriftlichen Text beziehen – sind in eckigen Klammern kursiv gesetzt

Etude d'approche par la mécanique quantique de l'existence de la masse négative et de son utilisation dans la construction de corps gravitationnels neutralisés

—

Etant donné que l'existence "terrestre" de la majorité écrasante des effets électromagnétiques de la mécanique quantique repose sur un jeu de forces attractives et répulsives provenant de 2 types de charges, une étude de la gravité au moyen de la mécanique quantique ne pourra donner que très peu de résultats satisfaisants à moins qu'il existe 2 types de masse. Le 1er type la masse + conserve toutes les propriétés attribuées à la masse ordinaire, alors que le 2e type la masse – ne diffère du fait que sa masse est une quantité négative.

C'est en étudiant les effets de la lumière de la mécanique quantique de l'existence de ces 2 types de masse qu'une théorie sur la gravité pourra être élaborée. Cette théorie expliquera pourquoi la masse – n'a jamais été détectée et offrira les fondements théoriques de méthodes expérimentales pour détecter l'existence de masse + et de l'utiliser dans la production de corps neutres gravitationnels.

Pour arriver à ces résultats nous aurons recours à l'équation indépendante du temps de Schrödinger dont on a retiré le mouvement du centre de masse. Soit :

$$-\hbar^2/2\mu\nabla^2\Psi + V\Psi = E\Psi$$

où tous les symboles représentent les quantités quantiques conventionnelles –

Studie über die Existenz der negativen Masse und ihren Einsatz bei der Konstruktion von Körpern mit neutralisierter Gravitation mit Hilfe der Quantenmechanik

Gegeben sei, dass die „irdische“ Existenz der überwältigenden Mehrheit der elektrostatischen Effekte in der Quantenmechanik auf der Existenz eines Paares von attraktiven und repulsiven Kräften beruht, die aus zwei Ladungstypen hervorgehen. Die Untersuchung der Gravitation mit Hilfe der Quantenmechanik kann nur unbefriedigende Ergebnisse liefern wenn nicht mindestens zwei Arten von Masse existieren. Der erste Massentyp + enthält alle Eigenschaften, die der normalen Masse zugeordnet werden, während der zweite Massentyp (-) sich dadurch unterscheidet, dass seine Masse eine negative Quantität ist.

Durch die Untersuchung der Auswirkungen des Lichts in der Quantenmechanik und die Existenz dieser 2 Typen von Masse kann eine Theorie über die Gravitation ausgearbeitet werden. Diese Theorie wird erklären, warum die negative Masse (-) niemals detektiert wurde und sie legt die theoretischen Fundamente der experimentellen Methoden dar, um die Existenz der Masse zu messen + und um sie in der Herstellung von Körpern mit neutralisierter Gravitation zu verwenden.

Um zu diesen Ergebnissen zu kommen, müssen wir auf die zeitunabhängige Schrödingergleichung zurückgreifen, von der man die Schwerpunktsbewegung abgezogen hat, d.h.:

$$- \hbar^2/2\mu \ \nabla^2 \Psi + V \Psi = E \Psi$$

Hierin stellen alle Symbole die konventionellen gequantelten Parameter dar.

4

On portera une attention particulière à la masse réduite $\mu = \frac{m_1 m_2}{m_1 + m_2}$ où m_1 et m_2 sont les masses de 2 corps en interaction.

On peut aborder le 1° obstacle auquel toute théorie sur la masse(−) se heurte, c'est à dire expliquer pourquoi l'on a jamais détecté la masse(−) en étudiant comment des corps matériels se formeraient si une région d'espace vide se remplissait tout à coup de plusieurs quanta de masse + et masse −.

Afin de poursuivre dans cette direction on doit d'abord connaître la nature des différentes interactions quantiques possibles entre les masses (+) et (−)

En insérant le potentiel d'interaction gravitationnel conventionnel dans l'équation de Schrödinger et en résolvant la fonction ondulatoire Ψ on obtient pour résultat la probabilité que 2 quanta de + se retrouvent près l'un de l'autre, est supérieure à celle qu'ils soient séparés. C'est pourquoi on dit qu'il y a une attraction entre des paires de quanta de masse(+). Par un calcul similaire on peut démontrer que bien que la forme du potentiel soit le même, les quanta de masse(−) peuvent se repousser. Ceci provient du fait que le terme de masse réduite dans l'équation de Schrödinger est négatif dans ce dernier cas. On trouve alors que le type d'interaction de masse − masse + dépend de la dimension relative des masses des quanta de + et − qui interagissent, étant répulsive si la masse du quantum de − est supérieure en valeur absolue à la masse du quantum (+) et attractive dans le cas contraire. Si les 2 masses sont égales en valeur absolue, la masse réduite est infinie et l'équation de Schrödinger se réduit à $(V - E)\Psi = 0$

Man beachte insbesondere, dass die reduzierte Masse $\mu=\frac{m1*m2}{m1+m2}$ ist, worin m1 und m2 die Massen der 2 Körper in Wechselwirkung sind.

Das erste Hindernis, an das die Theorie der Masse stößt, ist zu erklären, warum man niemals die Masse (-) detektiert hat. Dieses Hindernis kann man in Angriff nehmen, indem man untersucht, wie sich materielle Körper bilden, wenn eine leere Region im Raum plötzlich mit mehreren Quanten der Masse (+) und der Masse (-) gefüllt wird.

Um diese Richtung zu verfolgen, muss man zunächst die Art der zugehörigen gequantelten Wechselwirkungen zwischen den Massen (+) und (-) kommentieren.

Indem man das konventionelle Wechselwirkungspotential der Gravitation in der Schrödingergleichung benutzt und indem man die Wellenfunktion Ψ löst, erhält man im Ergebnis, dass die Wahrscheinlichkeit, dass sich 2 + Quanten nah beieinanderbefinden, größer ist, als jene dass sie weit auseinander liegen. Daher sagt man, dass eine Anziehung zwischen Quanten der Masse (+) besteht. Durch eine ähnliche Rechnung kann man zeigen, dass obwohl die Form des Potentials dieselbe ist, die Quanten der Masse (-) sich abstoßen können.
Das ergibt sich aus der Tatsache, dass der Term der reduzierten Masse in der Schrödingergleichung im zweiten Fall negativ ist. Man findet demnach, dass der Wechselwirkungstyp zwischen den Massen (-) und (+) von der relativen Größe der Massen mit den Quanten (+) und (-), die miteinander wechselwirken, abhängt: er ist abstoßend, wenn die Masse mit dem negativen Quantum vom absoluten Wert her höher ist als die Masse mit dem positiven Quantum und attraktiv im umgekehrten Fall. Wenn die zwei Massen vom Absolutwert her gleich sind, ist die reduzierte Masse unendlich groß und die Schrödingergleichung verkürzt sich zu (V.E) $\Psi = 0$

5

Puisque la Solution 4Ψ = 0 est interessante en physique on doit conclure que V = E et donc qu'il n'y a pas d'energie cinetique de mouvement relatif - Ainsi l'existence d'un potentiel d'interaction entre les quanta (+) et (−) de masse egal produit l'acceleration relative et donc aucune attraction ou repulsion mutuelle

On pourrait epiloguer sur les implications philo de la contradiction entre ce resultat et la 2ème loi de Newton mais ceci est hors du sujet actuel

On s'en tiendra plutot aux series de derivations ci dessous pour envisager la creation de corps materiels dans une region subitement remplie de plusieurs quanta de (+) et (−)

En raison de la nature des interactions m(+)/m(+) et m(−) m(−) le quantum de m(+) seul se combine tres vite en petites spheres de m(+) bien que rien encore n'ait uni aucun quantum de m(−). Etant raisonnable de supposer qu'en valeur absolue une sphere de m(+) pese [+] qu'un quantum de m(−), elle attirera les quanta et commencera a les absorber - Cette absorption continuera tant que l'attraction entre une sphere et les quanta de m− libres n'aura pas atteint 0 en reduction de la masse qui devient ∞ - La masse resultante devient ∞ lorsque la sphere absorbe suffisamment de quanta de m− pour donner la somme algebrique des masses de ses composants de quanta de m(+) et de m(−) egale a la valeur (−) de la masse du prochain quantum de m(+) a venir

Ainsi la theorie prevoit que tout corps materiel qui absorbe autant de quanta de m(−) qu'il peut contenir aura le meme poids minime peu importe sa dimension.

Etant donné que ceci est contraire avec les faits

Die Lösung $\Psi = 0$ ist in der Physik interessant und man kann daraus schließen, dass V = E ist und folglich, dass es keine kinetische Energie der Relativbewegung gibt. Folglich führt die Existenz eines Wechselwirkungspotentials zwischen den Quanten (+) und (-) gleicher Masse zu einer Relativbeschleunigung und damit zu keiner gegenseitiger Anziehung oder Abstoßung.

Man könnte lange über die philosophischen Implikationen des Widerspruchs zwischen diesem Ergebnis und dem 2ten Gesetz von Newton diskutieren, aber dies würde den Rahmen dieses Aufsatzes sprengen.

Wir begnügen uns daher mit der *[Wort unleserlich: Reihe?]* der obenstehenden Ableitungen um uns die Erschaffung von Körpern in einer Region vorzunehmen, die plötzlich mit mehreren (+) und (-) Quanten gefüllt wird.

Wegen der Art der Wechselwirkungen m(+)m(+) und m(-)m(-) verbindet sich einzig das Quantum m(+) sehr schnell zu kleinen Kugeln der Massen (+) und dabei nimmt keine einzige ein Quantum von m(-) auf. Da es vernünftig ist anzunehmen, dass im Absolutwert eine Kugel von m(+) mehr wiegt als ein Quantum von m(-), wird sie die Quanten anziehen und beginnen sie zu absorbieren. Diese Absorption setzt sich fort solange die Anziehung zwischen einer Kugel und den freien Quanten m(-) noch nicht 0 erreicht hat, *[............................]*[2] Die reduzierte Masse wird ∞, da die Kugel ausreichend m(-)-Quanten absorbiert bis dass die algebraische Massensumme ihrer Komponenten der Quanten m(+) und m(-) den (-)-Wert des folgenden m(-) Quantums ergeben.

Folglich sieht die Theorie vor, dass jeder materiellen Körper, der soviel M(-)-Quanten absorbiert, wie er fassen kann, dasselbe minimale Gewicht einschließt von der Abmessung hat.

Da dies den experimentellen Fakten widerspricht,

---

[2] Anmerkung d. Übersetzerin: Ich bin nicht sicher ob es nun heißt: 1) indem die Masse sich verringert und ∞ wird oder 2) und die Absorption setzt sich fort [...] indem die Masse verringert wurde und ∞ wird. (Beide Möglichkeiten bleiben unklar. Sinn würde das in mathematischer Hinsicht ergeben, wenn die Gesamtmasse Null wird und dadurch die reduzierte Masse unendlich wird. Das steht so aber nicht da.).

expérimentaux, on doit conclure que l'équilibre survenant par la masse résultante qui devient ∞ n'a pas encore été atteint – c'est-à-dire que si l'on suppose que la m(–) il n'y a pas suffisamment de quanta de m(–) dans l'Univers pour permettre aux sphères de m(+) d'absorber toute la m(–) qu'elles peuvent contenir – on peut alors expliquer le fait expérimental que la m(–) n'a jamais été observée à partir de mécanismes ci-dessus dans lesquels les plus petites quantités de m(–) pouvant être présentes dans l'Univers sont absorbées pratiquement par les + grandes quantités de masse (+) ce qui produit des corps composés de m(+) et m(–), mais ceux-ci possèdent une masse totale nette variable et positive –

Il faut prouver que la masse(–) existe en prenant le problème interne de la mécanique quantique des petites quantités de m – dans de grandes sphères de m(+). On peut comprendre ce problème en le résumant à un quantum de masse(–) dans le champ de 2 quanta de m(+) qui sont à une distance fixe l'un par rapport à l'autre. En prenant la simplification à réduire les 3 dimensions en 1 et en remplaçant les quanta de m(+) par des barrières carrées, on obtient une solution dans laquelle l'état fondamental d'énergie E_0 du quantum de m(–) dans le champ du quantum de m(+) est séparé en deux niveaux d'énergie dans le champ de 2 quanta de m(+). Ces 2 niveaux correspondant à des solutions de parités paire ou impaire de l'équation ondulatoire où E_{pair} se trouve supérieur et E_{impair} se trouve inférieur à E_0. L'ordre de différence E_p E_0 et E_I E_0 dépend de la distance qui sépare les 2 quanta de m(+), 0 étant la séparation ∞ et une quantité ↗ à mesure que cette distance ↘ de séparation.

On peut élaborer une théorie quantique de la m(–) fondée sur les suppositions que les interactions gravitationnelles obéissent aux lois de la mécanique quantique et que toutes les interactions possibles de la

muss man schließen, dass das Gleichgewicht, das unerwartet dadurch auftritt, dass die reduzierte Masse unendlich wird, noch nicht erreicht wurde. Das heißt, dass wenn man annimmt, dass es nicht ausreichend Masse m(-) im Universum gibt, um den Kugeln der Massenquanten m(+) zu erlauben, alle m(-) Quanten zu absorbieren, die sie aufnehmen könnten, dann kann man also den experimentellen Fakt, dass die m(-) Quanten bisher nicht beobachtet werden konnten, mit den oben genannten Mechanismen so erklären, dass die kleineren Mengen an m(-) die im Umiversum vorhanden waren *[?]* von den größeren Mengen der Masse (+) absorbiert wurden, was Körper hervorbringt, die aus m(+) und m(-) zusammengesetzt sind, aber die eine variable und positive Gesamtnettomasse besitzen.

Man sollte beweisen, dass die Masse m(-) existiert indem man das [Wort unleserlich: intern? intensiv?] Problem der Quantenmechanik der kleinen Mengen an m(-) in den großen Kugeln der m(+) heranzieht. Man kann dieses Problem verstehen, indem man es auf den Fall eines Quantums der Masse (-) in einem Feld von 2 m(+) Quanten zurückführen, die einen festen Abstand zueinander haben. Nebenbei hat diese Vereinfachung die 3 Dimensionen auf eine 1 reduziert in dem ein m(+)Quant durch rechteckige Barrieren ersetzt wurde. Dadurch erhält man eine Lösung in der der Grundzustand der Energie E_0 des Quantums m(-) im Feld der m(+) Quanten in zwei Niveaus im Feld der zwei m(+) Quanten aufgespalten ist. Diese 2 Niveaus entsprechen den Lösungen der Wellengleichung mit gerader und ungerader Parität in der $E_{gerade}(E_p)$ oberhalb und $E_{ungerade}$ (E_i) unterhalb von E_0 liegt. Die Größenordnung der Unterschiede von E_p E_0 und E_iE_0 hängt von dem Anstand ab, der die beiden m+ Quanten trennt, er ist 0 bei unendlichem Abstand und steigt an, wenn dieser Abstand kleiner wird.

Man kann eine Quantentheorie der m(-) ausarbeiten, die auf dem Vorschlag beruht, dass die Gravitationswechselwirkungen den Gesetzen der Quantenmechanik gehorchen und dass alle anderen möglichen Wechselwirkungen von

M(+) et (−) avec elles-mêmes ou entre elles suivant la loi de l'inverse du carré qui est bien connue. Cette théorie explique pourquoi la M(−) n'a jamais été observée expérimentalement et donne des méthodes expérimentales plausibles pouvant permettre d'établir l'existence de la M(−) en vue de l'utiliser dans la construction de corps gravitationnellement neutre d'après le Prof. F. Moser –

Lien existant entre la gravitation et l'Energie Nucléaire

Quantitativement l'équation de champ suivante.

$$-KT_{UV} = R_{UV} + \frac{1}{2} R g_{UV} + C_{\mu\nu}(\Phi \Psi)$$

$$\left(\frac{1}{i}\gamma^{\mu}\partial_{\mu} + m + \lambda_0^{\mu\nu}K_{\mu\nu}(x)\right)\Psi = 0$$

avec une équation similaire pour Φ – Dans l'équation ci-dessus Ψ représente les fonctions ondulatoires des hypérons et Φ les opérateurs quantiques de champ de la particule K – Les trois premiers termes de la première équation sont les structures usuelles de la relativité générale d'Einstein – Le dernier terme $C_{\mu\nu}$ est le tenseur de "création" qui nous donnera notre conversion d'énergie gravifique en Energie Nucléaire – C'est comme $T_{\mu\nu}$ qui est un tenseur de moment d'Energie –

Dans la 2e équation ∂_{μ} représente la dérivée covariante alors que γ^{μ} est une matrice de Dirac généralisée, arrangée de sorte que la 2eme équation soit bien covariante sous le groupe général de transformation de coordonnées – Le terme $\lambda^{\mu\nu}K_{\mu\nu}$ comprend automatiquement les niveaux d'hypérons les plus élevés.

M(+) und (-) mit sich selbst und zwischen einander auf das wohlbekannte Abstandsgesetz ($1/r^{\wedge 2}$ -Gesetz) zurückzuführen sind. Diese Theorie erklärt, warum die Masse m(-) niemals experimentell nachgewiesen wurde und gibt machbare exerimentelle Methoden vor, die es erlauben die Existenz der m(-) mit dem Ziel zu etablieren, gravitationsneutrale Körper nach Prof. F. Mozer zu konstruieren.

Beziehung zwischen der Gravitation und der Kernenergie

Beginnen wir mit der nachfolgenden quantitativen Feldgleichung

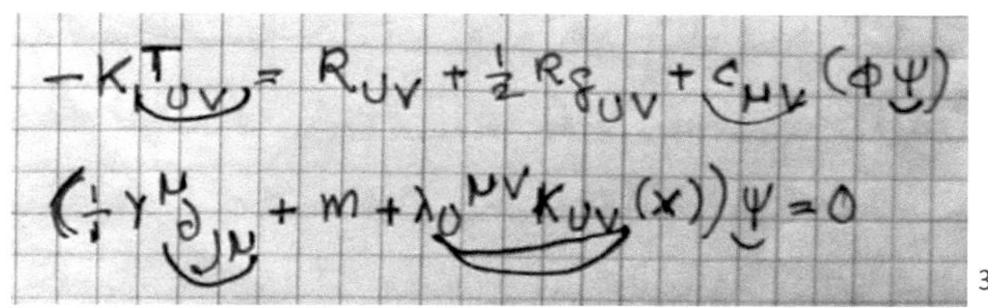
[3]

Mit einer ähnlichen Gleichung für ϕ. In der obenstehenden Gleichung steht Ψ die Wellenfunktion der Hyperonen und ϕ steht für die Quantenoperatoren des Feldes von der/dem *[evtl. funktional/partial?].* Die drei ersten Terme in der ersten Gleichung sind die sichtbare Struktur der allgemeinen Relativitätstheorie von Einstein. Der letzte Term $C_{\mu V}$ ist der Tensor der „Erschaffung" der uns unsere Umwandlung der Gravitationsenergie in Kernenergie gibt. $C_{\mu V}$ ist wie $T_{\mu V}$, das ein Term der Bewegungsenergie ist.
In der zweiten Gleichung stellt $\delta_{j\mu}$ die kovariante Ableitung dar, d.h. dass $\mu\gamma$ eine generalisierte Dirac Matrix von der Form ist, dass die zweite Gleichung unter der Gruppe der allgemeinen Koordinatentransformationen kovariant sei. Der Term $\mu VK_{\gamma V}$ enthält automatisch die höchsten Niveaus des Hyperons.

---

[3] Einige der Formeln sind als Grafiken eingefügt. Das ist dann der Fall, wenn einzelne Terms unleserlich oder schlecht lesbar sind oder wenn Anmerkungen in den Formeln von Bedeutung sein könnten.

8

$C_{\mu\nu}$ est fonction des variables du champ d'hyperon et du champ K, Ψ et Φ. On voit donc que ces 2 equations sont liées de 2 façons : le terme de création $C_{\mu\nu}$ depend des variables Ψ et Φ alors que le tenseur metrique gravitationnel $g_{\mu\nu}$ entre par la dérivée covariante etc.. λ est une nouvelle constante universelle qui donne l'échelle du niveau d'espacement des hyperons. Les equations de champ devraient bien entendu être quantifiées. Il faudrait prendre les valeurs propres et resoudre les equations semi classiques. Le tenseur de création $C_{\mu\nu}$ doit être l'integrale bilineaire des champs Φ et Ψ peut avoir aussi des termes croisés sous la forme $\int \Phi \bar{\Psi} \Psi (dx)$

Ces equations sont difficiles a resoudre pour l'instant pour la science terrienne, mais avec les ordinateurs lorsqu'elles seront resolues donneront la distribution d'energie créée et meneront aux questions pratiques.

Interaction Gravité-Chaleur

Nous savons qu'une action gravifique sur un objet, une matière ou une substance ou un alliage produit de la chaleur.

Si nous prenons une petite surface circulaire sur l'alliage le flux gravifique sur celle ci peut s'exprimer par le théorème de Gauss : 4πM ou M represente la masse de toutes les particules sous la surface.

On peut essayer de transformer cette expression en chaleur

$C\mu V$ ist eine Funktion der Variablen des Hyperonenfeldes (Feldvariablen des Hyperons?) und der Felder κ, ψ und ϕ. Man sieht also, dass diese beiden Gleichungen auf zwei Arten verbunden sind: Der Erzeugungsterm $C_{\mu V}$ hängt von den Variablen ψ und ϕ ab, während der metrische Gravitationstensor $g_{\mu V}$ über die kovariante Ableitung eingeht etc. Λ ist eine neue universelle Konstante, die die Skala des Niveaus des Hyperonenabstandes angibt. Die Feldgleichungen müssen selbstverständlich quantifiziert werden. Dafür muss man Anfangswerte nehmen und die semiklassischen Gleichungen lösen. Der Erzeugungstensor $C_{\mu V}$ muss das bilineare Integral der Felder ϕ und ψ sein (und) kann auch Kreuzterme der Form $\int \varphi\bar{\psi}\psi$ enthalten (dx).

Diese Gleichungen sind im Augenblick für die irdische Wissenschaft schwierig zu lösen, ergeben aber mit Computern gelöst die Verteilung der erzeugten Energie und führen zu praktischen Fragen.

Wechselwirkung. Gravitation. Wärme

Wir wissen, dass eine Schwerkrafteinwirkung auf ein Objekt, eine Materie oder eine Substanz oder eine Legierung Wärme erzeugt.

Wenn wir eine kleine kreisförmige Oberfläche auf der Legierung nehmen, kann der Schwerkraftfluss durch diese Fläche mit dem Gaußschen Theorem ausgedrückt werden: 4 π M oder μ das die Masse von allen Teilchen unter der Oberfläche darstellt.

Man kann versuchen diesen Ausdruck in Wärme umzuformulieren.

En reprenant la loi d'Einstein reliant la masse à l'énergie 9

$M = m_0 + \frac{T}{c^2}$ où T = énergie cinétique
m = masse initiale
c = vitesse lumière

on a $4\pi M = m_0 + \frac{T}{c^2}$ $m_0 + \frac{m_0 V^2}{2c^2}$ (Prendre toujours $\pi = \frac{22}{7}$ le 3.14159... étant faux)

mais $\frac{V^2}{c^2}$ est une fraction inférieure à l'unité ; $M = m_0 + \frac{m_0}{2K}$

dans le cas limite où $V = c$ $M = m_0\left(1 + \frac{1}{K}\right)$ pour tous les autres cas :

$4\left|\frac{22/7}{\pi}\right| M = m_0\left(\frac{K+1}{K}\right) K \neq 0$ M devrait être précédé du facteur de conversion 1/K mais si on l'insère il ne modifie pas les résultats –

Donc la gravité peut produire de la chaleur mais ceci peut être annulé suivant le cas par d'autres moyens plus ardus pour les terriens – On peut souligner que dans un champ gravitationnel ; dans cette planète les lignes d'écoulement et les lignes de descente sont géodésiques –

Anomalies de Poids masse –

Pour établir le rapport poids masse des protons ou des électrons, normalement puisque l'on connaît déjà le rapport d'un proton + un électron, l'établissement du rapport de l'une ou l'autre particule devrait suffire – Or la difficulté que pose cette mesure directe de la deflection gravitationnelle d'une particule chargée dans une expérience similaire à l'expérience du neutron et de l'atome neutre vient du fait que les forces électriques sont plus importantes que les forces gravitationnelles . Par ex. un électron à 5 m de distance du 2ème électron exerce autant de force sur cet électron

Wenn man das Einsteinsche Gesetz heranzieht, das die Masse mit der Energie verknüpft

$M = m_0 + \frac{T}{C^2}$ worin T = kinetische Energie

M = initiale Masse

C = Lichtgeschwindigkeit ist,

Dann hat man

$$4\pi M = m_0 + \frac{T}{c_2} \quad m_0 + \frac{m_0 V^2}{2c^2}$$

Immer π = 22/7 nehmen, 3.14159 ist <u>falsch</u>

Aber $\frac{V^2}{C^2}$ ist ein Bruch, der kleiner als 1 ist: $M = m_0 + \frac{m_0}{2K}$

Im Grenzfall, wenn v=c $M = m_0\left(1 + \frac{1}{K}\right)$ hat man Formel in allen anderen Fällen gilt

$4\pi m = m_0\left(\frac{K+1}{K}\right)$ $K \neq 0$ Vor M müsste der Umrechnungsfaktor 1/kappa stehen, aber wenn man ihn einfügt, ändert er nichts an den Ergebnissen.

Folglich kann die Gravitation Wärme produzieren, aber diese könnte vernichtet werden, in einigen Fällen jedoch mit anderen Mitteln, die schwieriger für die Erdenbewohner sind. Wichtig ist, dass in einem Gravitationsfeld auf diesem Planeten die Gravitationsfeldlinien und die Wasserablauflinien geodätisch sind.

Anomalien von Gewicht und Masse

Um das Verhältnis von Gewicht und Masse in Protonen oder Elektronen aufzustellen, müsste es normalerweise, da man bereits das Verhältnis von einem Proton und einem Elektron kennt, ausreichen das Verhältnis von dem einem zu dem anderen Partikel aufzustellen oder *[unklar]* die Schwierigkeit, die diese Herleitung der Gravitationsablenkung eines geladenen Partikels in einem ähnlichen Experiment auf das Experiment des Neutrons und des neutralen Atoms stellt unter Berücksichtigung des Faktes, dass die elektrischen Kräfte stärker sind als die Gravitationskräfte. Zum Beispiel übt ein Elektron in 5m Entfernung zum zweiten Elektron genauso viel Kraft auf das Elektron aus

10 que le champ gravitationnel. Ainsi des electrons ou des ions parasites qu'on trouve toujours sur les parois d'un appareil peuvent exercer une force suffisante pour effacer la force gravitationnelle.

Un autre problème est le champ magnétique terrestre. Les electrons de quelques Volts, subissent du champ terrestre une force des milliards de milliers de fois plus importante que la deflection gravitationnelle - on peut éviter ce problème par la mesure statique du rapport tel le pesage de matière ionisée une difficulté se presente quant à la grande proportion de matière ionisée ou non dans l'echantillon a peser. Il faudra que les labos trouvent un nouveau moyen pour mesurer le rapport masse poids du proton ou de l'Electron.
Cette mesure mettra en evidence un écart par rapport à la loi du rapport constant de poids et de masse.

Une fois cette anomalie demontrée, on pourra decouvrir un materiau qui subira des effets inhabituels dans un champ gravitationnel

Sur l'erreur d'Einstein -

L'erreur fondamentale d'Einstein concerne dans la relativité la question de la lumière: une forme ondulatoire qui n'expliquait pas pourquoi et comment la lumière peut se propager à travers un espace apparemment non inertiel -

Avec son Ami Schrödinger il a pu rectifier et construire une théorie totale de l'existence - appelée - Théorie des Champs Unifiés - mais qui n'est pas encore resolue

wie das Gravitationsfeld. Genauso können Stör-Elektronen und Stör-Ionen, die man immer an den Seitenwänden eines Apparates findet, eine ausreichend große Kraft ausüben, um die Gravitationskraft aufzuheben. Ein anderes Problem ist das irdische Magnetfeld. Elektronen von einigen Volt unterliegen dem irdischen Feld, einer Kraft die Milliarden von Millionen mal wichtiger ist als die Gravitationsablenkung. Man kann dieses Problem durch statische Messung des Verhältnisses wie z.B. der Messung der ionisierten Materie vermeiden, ein Problem ergibt sich aus dem großen Anteil an ionisierter und nicht ionisierter Materie in der zu wiegenden Probe: Die Laboratorien müssen ein neues Mittel finden um das Massenverhältnis von Elektron und Proton zu messen. Ist diese Anomalie est mal bestätigt, kann man ein Material erfinden, das ungewöhnlichen Effekten des Gravitationsfeldes unterliegt.

Über den Fehler Einsteins

Der fundamentale Fehler Einstein *[Verb unleserlich: stecken? kennen? verbinden?]* in der Relativität der Frage des Lichts *[?]*: eine wellenartige Natur, die nicht erklärt, warum und wie sich das Licht durch den offenbar nicht inertialen Raum ausbreiten kann.
Mit seinem Freund Schrödinger konnte er eine vollständige Theorie der Existenz berichtigen und ausarbeiten. Diese Theorie, die einheitliche Feldtheorie genannt wird, ist aber

sur cette theorie dans l'etat actuel de la Science

cette theorie commence a entrevoir la liaison entre la gravitation et la force nucléaire - d'où l'interaction gravite chaleur dont j'ai parle 2 paragraphes plus haut.

la relation de cette theorie des C.U. .. est en realite un pont ou un tenseur de creation pour relier l'energie des champs nucléaires à celles des champs gravitationnels par des matrices covariantes - soit .

$$R_{\mu\nu} - 0.5 g R = 8 \pi K T_{\mu\nu}$$

$R_{\mu\nu}$ = tenseur de courbe de l'espace sub riemanien a 10 composante de Ricci

$g_{\mu\nu}$ = tenseur metrique -

R = composantes scalaires de Ricci choisies

K = constante universelle proportionelle a la constante gravitationelle de Newton

π = la constante habituelle - (fausse) il faut prendre $\left(\frac{22}{7}\right)$ -

$T_{\mu\nu}$ = les composants (potentiels) du tenseur energie constante -

Tant que les derniers continueront l'emploi de $\pi = 3.14159$ .. ce sera faux

Lorsque les derniers auront compris et enoncé correctement la theorie des champ unifies - elle expliquera pourquoi le proton possede exactement 1836 fois la masse gravitationelle d'un electron, pourquoi il n'y a pas de meson MU neutre de masse 200, pourquoi (h) est une K et pourquoi hc/e^2 est toujours egal a 137 - mais s'en serviront-ils pour le bien des autres?

11

auf dieser Erde und zum gegenwärtigen Stand der Wissenschaft noch nicht gelöst. Diese Theorie lässt die Beziehung zwischen der Gravitation und der starken Wechselwirkung erahnen, aus der sich die Wechselwirkung von Gravitation und Wärme herleiten lässt, von der ich zwei Seiten weiter oben gesprochen habe. Die Beziehung der einheitlichen Feldtheorie ist in Wirklichkeit ein Ausgangspunkt oder Ausgangstensor, um die Felder der starken Wechselwirkung mit Gravitationsfeldern über passende Matrizen zu verknüpfen. – Es sei:

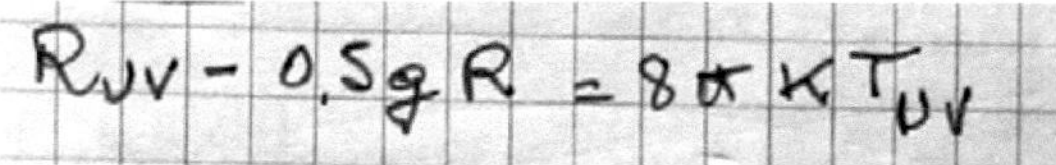

R_{UV} = Krümmungstensor des *[unleserlich]* Raumes mit 10 Ricci-Komponenten
g_{uv} = metrischer Tensor
R = ausgewählte skalare Ricci-Komponenten
K = universelle Konstante proportional zur Gravitationskonstante von Neutronen
π = die übliche Konstante. (falsch.) Man muss $\frac{22}{7}$ nehmen
T_{uv} = die (Potential-) Komponenten des Energieerhaltungstensor

Solange die Erdenbürger weiterhin mit π = 3.141559... arbeiten, wird es falsch sein. Sobald aber die Erdenbürger die einheitliche Feldtheorie verstanden und korrekt formuliert haben, wird sie erklären warum die Protonen genau 1836 mal schwerer als Elektronen sind, warum es kein neutrales µ meson der Masse 200 gibt, warum (h) eine Konstante ist und warum hc/e^2 immer gleich 137 ist. Aber werden sie dieses Wissen zum Guten nutzen?

12

Théorie de la constitution de l'Espace et de la Matière d'après nos connaissances "cosmiques"

Comme je l'ai expliqué dans les précédents paragraphes sur la théorie centrifuge des forces gravifugues et nucléaires. Nous connaissons ce que nous appelons la Résonance Nucléaire mais pour cela il faut comprendre la constitution de l'Espace et de la Matière suivant nos concepts.

Supposons un ensemble numériquement réduit d'atomes de Molybdène - par ex: MO_1 MO_2 MO_3 ... MO_{114} dont les noyaux présentent la particularité en un instant déterminé d'avoir une configuration identique de leurs niveaux énergétiques se référant à la distribution des nucléons. Le fait que les niveaux quantiques de leur force électronique soit différents ou que les orbites de ceux ci soient répartis dans un quelconque enchaînement chimique nous fait dire alors que ces atomes sont en résonance

Nous savons aussi qu'un quelconque corpuscule atomique (neutron proton meson K. etc) est en réalité une projection différente, dans un cadre tridimensionnel, d'une même entité mathématique que nous appelons modèle d'entité physique élémentaire, jusqu'au seul niveau où nous accordons dans l'Univers l'attribut de vrai à l'entité en question - Vous pouvez vous imaginer cette entité comme un faisceau ou paquet d'"axes idéaux" dont les différentes orientations polydirectives donneraient lieu à ce qu'un quelconque physicien interprète ce "faisceau" aux multiples points orientés certaines fois comme un quantum, d'autres fois comme une masse

Theorie der Beschaffenheit des Raumes aus Materie nach unseren „kosmischen“ Kenntnissen

---

Es ist, wie ich in den vorangegangenen Paragraphen über die irdische Theorie der starken Wechselwirkung und der Gravitation erklärt habe. Wir kennen das, was wir die Kernresonanz nennen, aber dafür muss man die Beschaffenheit des Raumes und der Materie gemäß unseres Konzepts verstehen.

Nehmen wir ein Ensemble aus numerierten (?? adjektiv unleserlich) Molybdänatomen –z. B. Mo1, Mo2, Mo3, ... Mo114 deren Kerne die Besonderheit aufweisen *[?? ?? ??]* bestimmt *[3 Worte unklar, beziehen sich vermutlich auf die Besonderheit und erläutern sie näher]*, eine identische Konformation ihrer Energienivaus zu haben, die sich auf die Verteilung der Nukleonen bezieht. Der Fakt, dass die Quantenniveaus ihrer elektromagnetische Wechselwirkung verschieden sind oder dass die Orbits der Nukleonen in einer Art *[??? adjektiv unleserlich]* Verschränkung verteilt sind, führt uns zu dem Schluss, dass die Atome in Resonanz sind.

Wir wissen auch, dass ein Atomteilchen (Neutron, Proton, Meson, k, etc.) in Wirklichkeit eine Projektion ist, im dreidimensionalen Fall nennt man eine solche mathematische Entität elementares physikalisches Entitätsmodel, bis zu dem Niveau wo wir im Universum das Attribut der Wahrheit der in der Debatte befindlichen Frage gewähren.

Sie können sich diese Entität wie ein Bündel oder Paket von „idealen Achsen“ vorstellen, deren unterschiedliche polydirektive Ausrichtungen dafür Platz machen, das irgendein Physiker dieses „Bündel“ als multiple orientierte Punkte einerseits als Quantum andererseits als Masse,

13

charge électrique, moment orbital etc... Elles représentent en réalité les différentes orientations axiales de l'entité Mathématique de la même manière que les différents tons chromatiques (orange, cian) ont comme base une fréquence différente dans le spectre électromagnétique –

Essayons par exemple de désorienter au sein de l'atome MO_{1}, un seul nucléon (un proton par exemple) il peut arriver que l'inversion ne soit pas absolue, dans ce cas l'effet observable par vous sera la conversion de la masse du proton en Énergie

$$\Delta E = mC^2 + K$$

m étant la masse du Proton
K la constante.

On obtient alors un isotope de NIOBIUM –

Mais nous pouvons forcer la désorientation des axes soit l'inversion absolue d'une matière telle que votre physicien observateur verrait que le proton semble avoir été annihilé sans libération d'énergie – Ce phénomène contredit le principe terrestre des physiciens de conservation de masse et d'énergie (certains Physiciens terrestres commencent à entrevoir ce phénomène). en effet quelques terriens émettant les hypothèses formulées sur l'actuelle création de la matière dans l'Univers est basée sur le fait qu'effectivement cette entité mathématique dont les ensembles s'inversent totalement dans le cadre tridimensionnel étant observables par ceux qui y vivent –

Vous observerez alors un atome de Niobium ionisé –

Sans aucun doute le reste des n–1 atomes de MO ont subi une altération dans leurs niveaux énergétiques nucléaires de manière que l'énergie nucléique de chacun de ces atomes se développe en.

$$\Sigma(\Delta E - K) = \sum_{i=1}^{i=n'} \frac{\frac{\omega}{R_i^3}}{\frac{\omega}{R_i^3}}$$

R_i distances radiales à l'atome de NO de chacun de ceux qui restent

Vérifiant que.

elektrisches Feld, Drehmoment, ... etc interpretiert. Die verschiedenen Orientierungen stellen in Wirklichkeit unterschiedliche axiale Positionen der [adjektiv] Entität dar auf dieselbe Art wie unterschiedliche Farbtöne (orange, indigo, cyan) auf unterschiedlichen Frequenzen des elektromagnetischen Spectrums beruhen.
Versuchen wir durch ein Beispiel aus dem Inneren des Atoms Mo1 ein einzelnes Nukleon abzulenken, dann kann es vorkommen, dass die Umkehrung nicht vollständig ist, in diesem Fall ist der von Ihnen beobachtete Effekt die Umwandlung der Masse des Protons in Energie.

m ist die Masse des Protons
K ist die Konstante.

Folglich erhält man ein Niobisotop.
Aber wir können die Vertauschung der Achsen erzwingen, durch die Inversion einer Materie die von der Art ist, dass ihr beobachtender Physiker sieht, dass das Proton annihiliert worden zu sein scheint, ohne dass dabei Energie freigesetzt wurde. Dieses Phänomen widerspricht der Massen- und Energieerhaltung (einige irdische Physiker beginnen das Phänomen zu erahnen).
Tatsächlich haben einige Erdenbürger Hypothesen über die eigentliche Entstehung von Materie im Universum aufgestellt, und vermuten, dass diese darauf beruht, dass *[ein Wort unlesbar]* die mathematische Entität deren Ensembles sich im dreidimensionalen Fall vollständig umkehren von denen beobachtet werden können, die hier leben.
Sie sehen also ein ionisiertes Niobaatom. Zweifellos hat der Rest der n-1 Mo Atome eine Veränderung ihrer nuklearen Energieniveaus erfahren, dass die nukleare Energie eines jeden dieser Atome sich wie folgt entwickelt lässt:

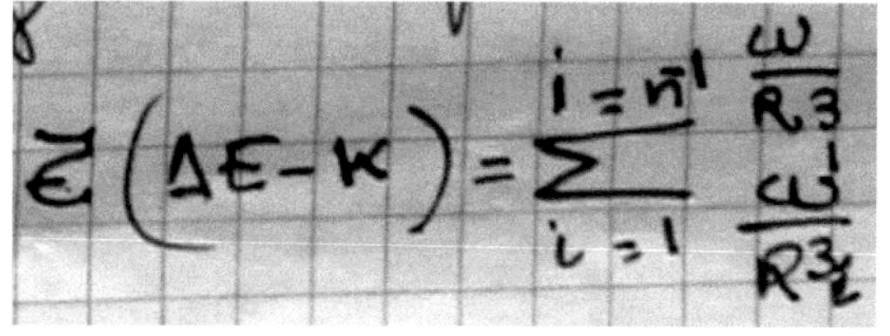

R1 radiale Entfernung zum No Atom von jedem der ruhenden Atome

[Wort unlesbar].

14 W et $\mathcal{E}$ = K du système dont les valeurs sont fonctions non seulement de n mais aussi des structures des noyaux de R.

L'énergie transférée aux noyaux des atomes qui restent par cet effet de résonance est quantifiée de manière à pouvoir arriver à être nulle pour un atome de l'ensemble situé à une distance R supérieure à un seuil défini.

Ainsi si nous arrivons à exciter un atome de Mo_1 situé dans un organe émetteur (I) en [illegible] un des nucléons nous noterons dans un organe récepteur I contenant un autre Mo_2 une altération quantique de ce dernier d'autant plus élevée qu'il y aura moins d'atomes parasites en résonance à proximité. Il faut préciser que le transfert d'énergie ne se fait pas grâce à un champ excitateur afin que le temps de transmission soit nul (nous parlons alors de vitesse de transférence ou de flux informatif (infini)).

Ce principe de physique faciliterait apparemment la mise au point d'un système d'information "instantané" à d'énormes distances interplanétaires pour qu'un message ne mette pas plusieurs années lumière terrestres pour arriver à destination.

Mais tous ces principes "scientifiques" au sens terrestre peuvent être plus facilement résolus par la connaissance directe des fréquences en se mettant en accord direct avec notre "mental" dit "psychique" seule avec ce que les [illegible] appellent la clairvoyance peut aider à comprendre ce genre de phénomène naturel pour nous. Plus notre constitution atomique augmente de fréquence et plus l'espace et le temps diminuent jusqu'à arriver au pt 0.

(voir graphique des courbes hyperboliques)

W und Formelzeichen = k *[oder kappa?]* des Systems dessen Werte Funktionen nicht nur von n sondern auch von neuen Strukturen von R_1 sind.

Die im Mittel durch diesen Resonanzeffekt übertragene Energie der ruhenden Atome lässt sich so berechnen, dass für ein Atom des Ensembles, das sich in einer Distanz R größer als ein definierter Schwellenwert befindet, Null herauskommt.

Das heißt, wenn es uns gelingt ein Mo-Atom, das in einem Emitter (P) sitzt, so anzuregen, dass es eines der Nukleonen emmittiert, werden wir in einem Empfänger τ, der ein anderes Mo_2-Atom enthält, eine Änderung des Quantenzustandes messen, die umso größer ist, da es weniger favorisierte Atome in Resonanz in der Nähe gibt. Um es präziser auszudrücken: der Energietransfer passiert nicht durch ein Anregungsfeld damit die Transmissionszeit Null würde (wir sprechen hier von der Geschwindigkeit der Übertragung oder des (unendlichen) Informationsflusses).

Dieses physikalische Prinzip erleichtert offensichtlich die Fokussierung eines „instantanen" Informationssystems auf (Wort nicht lesbar) interplanetaren Distanzen damit eine Nachricht nicht mehr mehrere Lichtjahre braucht um am Bestimmungsort anzukommen.

Aber alle diese im irdischen Sinn „wissenschaftlichen" Prinzipien könnten viel einfacher aufgelöst werden, wenn man die Frequenzen kennen würde, indem man sich in Verbindung mit unserem „Mentalen", oder „(Wort nicht lesbar evtl Peripheren)" setzt. Nur das, was die Erdenbürger das Hellsehen nennen, kann uns dabei helfen diese Art von Naturphänomenen zu verstehen. – Je mehr unserer Atomanordnung in ihrer Frequenz steigt, umso mehr nehmen der Raum und die Zeit ab – bis dass p+0 wird. – (siehe Bild der hyperbolischen Kämme).

A ce moment là, on laisse le monde des formes 45
pour celui de l'énergie pure, ce que les terriens
appellent le monde divin ou spirituel au sens propre,
de l'Esprit. l'ETRE _ unique de l'Univers ENERGIE.
La résonance nucléaire citée plus haut découle de
cette connaissance des différentes fréquences et de leur
emploi à volonté par la discrimination mentale
qui est elle-même l'énergie universelle_
L'Energie est quantifiée mais la magnitude "Distance"
l'est aussi.

Le Concept du Temps.

L'écoulement du temps introduit pour l'homme de la Terre une perception de type psychologique. Il s'agit d'une illusion. Au sein de l'organisme se produit toute une série complexe de phénomènes périodiques, de la circulation sanguine jusqu'aux processus comme le métabolisme des graisses. Si nous fermons les yeux, nous continuons à percevoir que le temps s'écoule grâce à la périodicité rythmique de ces milliers de phénomènes physiologiques.

Mais le concept du temps pour le physicien de la terre diffère à un niveau élevé de la perception analysée par les psycho-biologistes. Les Terriens considèrent le Temps comme une dimension, du moins en est-il ainsi accepté par les adeptes de la théorie relativiste d'Einstein.

Notre concept du Temps à Nous "Extraterrestres"

Jetzt lassen wir die Welt der *[?? Wort unleserlich, Formen?]* beiseite und widmen uns der reinen Energie, die die Erdenbürger als göttliche Welt oder spirituelle Welt, im eigentlichen Sinn von Geist, bezeichnen. Das einzigartige SEIN des ENERGIE Universums. Die Kernresonanz von der ich weiter oben sprach, entspringt der Kenntniss der verschiedenen Frequenzen und ihres Gebrauchs durch den Willlen durch die mentale Des??ation die selbst die universelle Energie ist. Die Energie ist gequantelt aber die Größe „Abstand“ ist es auch.

Das Konzept der Zeit

Das Verrinnen der Zeit stellt für den Erdenmenschen eine Wahrnehmung psychologischer Art dar. Es handelt sich um eine Illusion. In seinem Inneren stellt der Organismus eine ganze komplexe Serie an periodischen Phänomenen her, vom Blutfluss bis zu Prozessen wie dem Fettmetabolismus. Wenn wir die Augen schließen, nehmen wir dank der rhythmischen Periodizität von tausenden dieser physiologischen Phänomene weiterhin wahr, dass die Zeit vergeht.

Aber das Konzept der Zeit des irdischen Physikers unterscheidet sich auf einem höheren Niveau von der Wahrnehmung, die von den Psycho-Biologen analysiert wird. – Die Erdenbürger betrachten die Zeit als eine Dimension zumindest ist das gemeinhin bei den Anhängern der Einsteinschen Relativitätstheorie akzeptiert.

Das Konzept von uns „Außerirdischen“

16 différent et présente des facettes nouvelles qui vous sont inconnues — En premier lieu nous ne considérons pas le Temps comme une dimension ou Continuum comme vous le faites. Ce n'est pas que le Temps soit quantifié mais on ne peut concevoir un instant comme un point dans l'axe du Temps. L'intervalle dt bien qu'il puisse tendre vers 0, ne pourra jamais être conçu aussi petit qu'on le voudra —

Il existe de plus un aspect lié à cette question que je tiens à souligner — Vous considérez que la + grande vitesse que puisse atteindre une sub-particule dans le cosmos est de 299790 Km/s — (vitesse de la lumière) et vous considérez cette vitesse comme <u>constante</u> —

C'est là où se trouve l'erreur car dans votre cadre terrestre Tridimensionnel elle est valable mais il suffit de changer de cadre ou de système à 3 dimensions pour que cette vitesse change totalement jusqu'au point où l'unique référence qui puisse refléter le changement d'AXE soit précisément la mesure de cette vitesse ou ensemble C.

Nous aurons alors une famille de valeurs :

$C_0\ C_1\ C_2\ C_3 \ldots\ C_i \ldots C_{11}$

qui s'étend de $C_n = 0$ à $C_{11} = \infty$ chacun représentant un système référentiel défini

Dans un premier cas (vitesse de la lumière nulle) je vous dirai, en avançant des concepts que des phénomènes déterminés que vous associez à la "parapsicologie" se produisant, comme par ex : les communications télépathiques etc...

unterscheidet sich und weist Facetten auf, die Ihnen unbekannt sind. Zunächst betrachten wir die Zeit nicht als Dimension oder Kontinuum, wie Sie das tun. Das heißt nicht, dass die Zeit nicht quantifizierbar ist, aber man kann einen Augenblick nicht als einen Punkt auf der Zeitachse auffassen. Das Intervall dt, gleichwohl man es gegen Null laufen lassen kann, kann niemals so klein werden, wie man es sich wünscht.

Es gibt darüber hinaus einen Effekt der mit der Frage verbunden ist, die ich eben unterstrichen habe. Bedenken Sie dass die größte Geschwindigkeit die ein Subpartikel im Kosmos erreichen kann 299780 km/s ist (Lichtgeschwindigkeit) und betrachten Sie diese Geschwindigkeit als konstant.

Darin besteht der dumme Fehler. Im irdischen dreidimensionalen Fall ist es gültig aber es reicht aus die Umgebung oder das System mit drei Dimensionen zu ändern, damit sich die Geschwindigkeit völlig verändert bis zu dem Punkt, wo die einzigartige Folgerung, die die Veränderung der ACHSE abbildet, die genaue Messung der Geschwindigkeit oder des Ensembles c ist.

Wir haben also eine Menge an Werten

$c_0\ c_1\ c_2\ c_3\ ....\ c_i\ ....\ c_{ii}$

die sich von $c_n = 0$ bis $c_{ii} = \infty$ erstreckt, jede Geschwindigkeit repräsentiert ein definiertes Referenzsystem.

In einem ersten Fall (Lichtgeschwindigkeit = 0) sagte ich Ihnen bei der Vorstellung der Konzepte, dass ganz bestimmte Phänomene die Sie mit der „Parapsychologie“ assoziieren auf diese Weise passieren, z.B. die telepathische Kommunikation etc. ...

Le cosmos analysé sous ce système tridimentionnel 17
de référence présente une uniformité absolue ou si vous préférez une Entropie maxima –

Dans le cas limite de la vitesse lumière ∞, le Cosmos peut être considéré comme non existant car on peut l'assimiler à une identification de toutes les entités mathématiques avec lui même c'est à dire à 1 seule entité qui n'a pas de réalité physique –

Remarquez qu'Einstein avait conçu un Univers qui d'une certaine manière n'est pas très éloigné de celui que je décris. Mais il faut substituer le continuum Espace temps par l'ensemble sensé des entités Mathématiques – De plus Einstein était en accord sur certains autres points essentiels – Mais Einstein ignorait aussi que ce qu'il considérait comme vitesse constante de la lumière ne l'était que dans un système de référence possible. Il ignorait qu'il y avait plus de cadres tridimensionnels que celui qui vous est familier.

Notre conception du Cosmos explique certaines contradictions que les physiciens de la Terre ont cru voir entre la mécanique Quantique et la conception relativiste.

Non seulement l'Energie est quantifiée (en ce pt vos physiciens ne se sont pas trompés) mais la magnitude "Distance" l'est aussi – Il n'est pas possible de distinguer une "quantité" sensée de longitude d'un ordre inférieur à 12^{-13} centimètres. (relation angulaire entre de concepts mathématiques "connexes" (liés)) est précisément une particule subatomique qui a comme base une entité Mathématique et un autre "connexe".

Wird der Kosmos mit dem dreidimensionalen Referenzsysten analysiert, so weist er eine absolute Gleichförmigkeit oder wenn Sie möchten, eine maximale Entropie auf.

Im Grenzfall der ∞ {unendlichen} Lichtgeschwindigkeit kann der Kosmos als nicht existenter Fall betrachtet werden, man kann ihn annähern an eine Identifikation aller mathematischen Entitäten mit sich selbst, das heißt mit einer einzigen Entität, die keine physikalische Realität hat.

Beachten Sie, dass Einstein ein Universum ersonnen hat, das auf eine gewisse Weise nicht weit entfernt von jenem ist, was ich beschreibe. Aber man muss das Raum-Zeit-Kontinuum durch das einsichtigere Ensemble an mathematischen Entitäten ersetzen. Außerdem lag Einstein mit einigen anderen wesentlichen Punkten richtig. Aber Einstein wusste auch nicht, dass das was er als konstante Lichtgeschwindigkeit ansah, in einem anderen möglichen Referenzsystem dies nicht war. Er wusste nicht, dass es mehr als den dreidimensionalen Fall gibt, mit dem Sie vertraut sind.

Unser Verständnis vom Kosmos erklärt einige Widersprüche, die die irdischen Physiker zwischen der Quantenmechanik und dem Konzept der Relativität zu sehen glaubten.

Nicht nur die Energie ist gequantelt (in dieser Tatsache haben sich eure Physiker nicht getäuscht), sondern auch die Größe „Entfernung" ist es. Es ist nicht möglich eine „vernünftige Quantität" der Länge mit einer Größenordnung von unter 12^{-13} cm anzugeben. (*[Es existiert ? ergänzt]* eine Winkelbeziehung zwischen dem mathematischen Konzept der Verbindungen und genau einem subatomaren Partikel, das eine mathematische Entität und eine anderen Verbindung als Basis hat. *[Klammer zu fehlt]*

18 j'emploie le terme comme n'en trouvant pas au niveau terrestre, car le terme adjacent suggérait un positionnement de l'entité math et si cette entité existe on ne peut la positionner.

En étudiant la véritable nature des corpuscules ou entités que vous appelez, Protons. Mesons, Neutrinos, Electrons ..etc., nous avons découvert qu'il s'agit en réalité de petites déformations de l'Espace appelé a tort tridimensionnel dans l'Axe d'autre dimension. L'interprétation de telle particule dépendra du Système de référence dans lequel se trouve l'observateur. C'est pour cela que les physiciens de la terre sont si perplexes en découvrant des centaines de corpuscules atomiques dont la série semble ∞. En réalité vous poursuivez des fantasmes comme si vous vouliez attraper les reflets projetés sur le mur par un prisme éclairé par le soleil.

Ce point sur la recherche terrestre est que dans le domaine de la Physique quantique et nucléaire vous continuez à analyser les différentes caractéristiques de ces corpuscules en faisant l'erreur de les considérer comme des entités différenciées.

La permutation d'un corpuscule en un autre que vous ne savez pas encore maîtriser n'est qu'un changement d'AXE c'est à dire un changement de DIMENSION ou encore de FRÉQUENCE.
C'est ce que savait faire vos vrais alchimistes.

Quand la Masse d'un Proton disparait devant vous pour se convertir en Energie, c'est que votre Axe a subi un virage de 90° dans

Ich verwende den Ausdruck Verbindung nicht so wie er auf der Erde verwendet wird, denn der Ausdruck nebeneinanderliegend suggeriert eine Positionierung der Mathe-Entität und wenn diese Entität existiert, kann man sie nicht positionieren.

Beim Studium der wirklichen Natur der Teilchen oder Entitäten, die Sie Protonen, Mesonen, Neutrino, Elektronen ... etc. nennen, haben wir entdeckt, dass es sich dabei um kleine Verformungen des Raumes handelt, sogenannt einen dreidimensionalen Twist in der Achse der anderen Dimensionen. Die Interpretation solcher Teilchen hängt vom Referenzsystem ab, indem sich der Beobachter befindet. Deshalb sind die irdischen Physiker so erstaunt darüber hunderte atomare Teilchen zu entdecken, deren Serie nicht enden will. In Wirklichkeit verfolgen Sie Hirngespinste, als würden Sie versuchen Reflektionen zu fangen, die von einem sonnenbeleuchteten Prisma auf eine Wand geworfen werden. _

Dieser Punkt über die irdische Recherche bezieht sich nur auf die Domäne der Quanten- und Nuklearphysik. Sie analysieren unaufhörlich die charakteristischen Unterschiede dieser Teilchen und machen dabei den Fehler, sie als verschiedene Entitäten zu betrachen.

Die Wandlungen eines Teilchens in ein anderes, die Sie noch nicht zu behandeln wissen, sind nichts anderes als eine Änderung der ACHSE, das heißt eine Änderung der DIMENSION oder auch der FREQUENZ. Das wussten schon Ihre alten Alchimisten zu tun.

Wenn die Masse eines Protons vor Ihnen verschwindet um sich in Energie umzuwandeln, dann unterliegt nur Ihre Achse einer *[?? Wort unklar, müsste Verdrehung/Drehung heißen]* um 90° in

l'Axe d'une des dimensions classique de l'Espace 19
Mais ceci ne concerne que vous et votre système de référence car pour un autre observateur situé dans une 4e 5e 6e dimension c'est a dire sur une fréquence plus élevée - il observerait le phénomène contraire : l'énergie se concentrant pour former une particule appelée PROTON -

Au moment où vous arriverez a contrôler, comme nous le faisons, l'inversion homogène de toutes les subparticules du Corps Humain ou d'un objet quelconque, ceci devra être interprété comme le Passage d'un Système référentiel d'Espace tridimensionnel a un autre mais different du premier (dematerialisation ou vice versa)

En resumé si vous essayez d'appliquer vos propres schémas mentaux formés dans l'orthodoxie de la Logique formelle, et même si je vous donnais la documentation et la formulation scientifique de notre théorie il vous sera dans l'état actuel de votre science et de vos conceptions impossible d'assimiler ces concepts -

Tout ceci semble éloigné de la raison Le terrien est habitué a contempler des objets délimités par des lignes, a materialiser mentalement des angles délimités par des lignes et des plans et a positionner des objets en tel point ou tel endroit -

Il faudra encore beaucoup d'effort aux hommes de la terre pour imaginer une entité Mathématique qui ne peut se definir par les 3 coordonnées qui definissent dans un espace Euclidien le POINT - il aura du

der Achse einer der klassischen Raumdimensionen. Aber das betrifft nur Sie und Ihr Referenzsystem, denn für einen anderen Beobachter der sich in der 4ten, 5ten oder 6ten Dimensión befinden, das heißt bei einer höheren Frequenz, sieht das Bild gegensätzlich aus. Er beobachtet, dass sich die Energie bündelt, um ein Teilchen namens PROTON zu bilden.

In dem Moment wo Sie, wie wir das machen, die homogene Inversion von allen atomaren Teilchen des menschlichen Körpers oder eines anderen Objekts kontrollieren, wird das als Passage eines aus einem dreidimensionalen Referenzsystem in ein anderes interpretiert werden (Dematerialisierung und umgekehrt).

Alles in allem: Wenn Sie versuchen ihre eigenen mentalen Schemata anzuwenden, die sie in der Orthodoxie der formellen Logik gebildet haben, und selbst wenn ich Ihnen die Dokumentation und die wissenschaftliche Formulierung unserer Theorie gäbe, wäre es Ihnen zum aktuellen Stand Ihrer Wissenschaft und ihrer Vorstellungen unmöglich diese Konzepte anzunehmen.
Das alles scheint *[Wort unlesbar, getrieben?]* von dem Grund *[hier geht es nicht weiter]*

Der Erdenbürger ist es gewöhnt über Objekte nachzudenken, deren Grenzen durch Linien gegeben sind und sich gedanklich Winkel vorzustellen, die durch Linien und eine Ebene gegeben sind und er ist es gewöhnt die Objekte an diesen oder diesen Ort zu stellen.

Es braucht viel Anstrengung von den Erdenmenschen um sich eine mathematische Entität vorzustellen, die sich nicht durch 3 Koordinaten darstellen lässt, die in einem Euklidischen Raum einen Punkt definieren. Er hätte

20 mal à imaginer qui en plus. celui ci n'a pas de masse
et qu'on ne peut lui assigner une quantité de mouvement.
qu'en outre il n'a pas d'energie en lui meme, ni de charge
electrique car de tels concepts (Masse Energie charge) sont
des elaborations mentales associees a une orientation
particuliere de tels elements. – Un tel phenomene peut
etre defini comme le non de la logique divalente c'est a dire
ce qui n'existe pas.

De plus cette entité Math. n'est pas un simple postulat math.
mais une realité composee par d'etranges concepts d'Axes
(qui par consequent ne sont pas de tels Axes) qui serviront pour
ebaucher une nouvelle hypothese de conception Physico-Cosmologique.

Schéma de contraction et expansion du Temps et de l'Espace en fonctions de la Fréquence de l'Energie Universelle

On doit calculer une ~~double~~ integrale ~~hyperbolique~~
des champs Φ et Ψ d'hyperons

Je laisse volontairement l'introduction du Temps negatif car ceci est trop dangereux pour ici –

$$\int_{-\infty}^{+\infty}\int_{-\infty}^{+\infty} \Phi \bar{\Psi} \Psi (dx)(dy)$$

Mühe sich darüber hinaus vorzustellen, dass diese Entität keine Masse hat, dass man ihr nur eine gequantelte Bewegung zuschreiben kann, dass sie außerdem selbst weder Energie noch elektrostatische Ladung hat, denn diese Konzepte (Masse-in-Energie-Umwandlung) sind geistige Entwürfe, die mit einer bestimmten Orientierung dieser Elemente zusammenhängen. Ein solches Phänomen kann man wie das Nein in einer binärer Logik, also das was nicht existiert, definieren.

Darüber hinaus ist die mathematische Entität nicht ein einfaches mathem. Postulat, sondern wird aus merkwürdigen Konzepten von Achsen gebildet (die folglich nicht solche ACHSEN sind) die dazu dienen eine neue Hypothese der Physiko-Kosmologischen Vorstellung zu skizzieren.

Schema der Kontraktion und der Expansión der Zeit und des Raumes als Funktion der Frequenz der universellen Energie

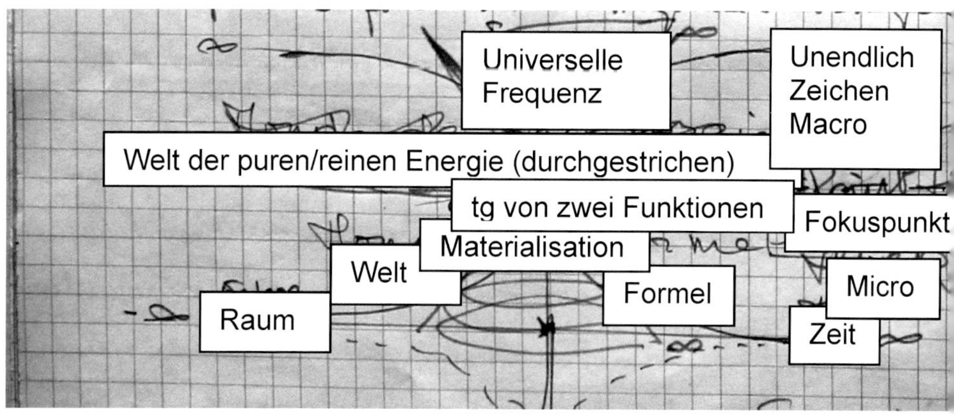

Man muss ein ~~doppeltes hypoerbolisches Integral~~ konisches Integral der Felder von Ψ und Φ und der Hyperonen ausrechnen.
Ich lasse bewusst T und ES bei ihrer Einführung negativ, denn das ist – $\int_{-\infty}^{\infty}\int_{-\infty}^{\infty} \Phi\Psi\overline{\Psi}\,(dx)(dy)$ zu gefährlich für hier.

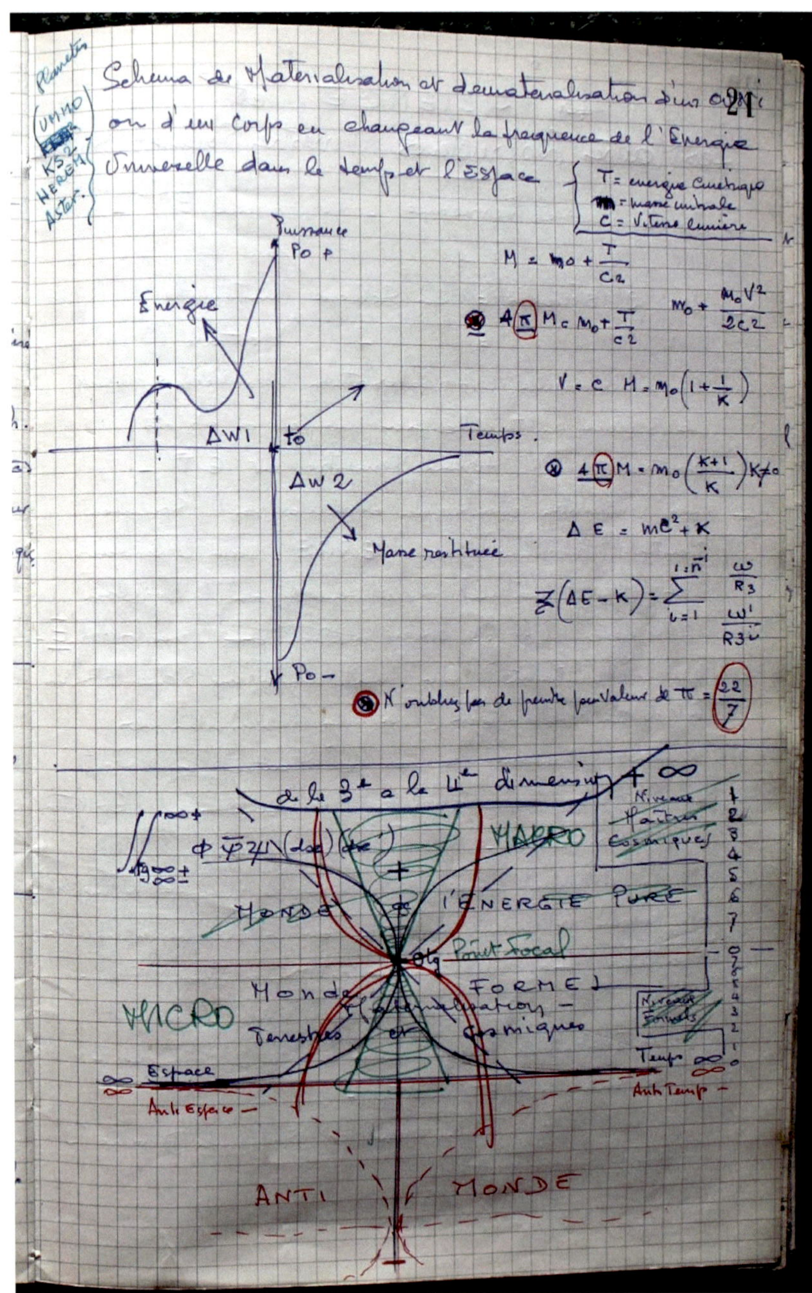
Schema de Materialisation et dematerialisation d'un OVNI ou d'un corps en changeant la frequence de l'Energie Universelle dans le temps et l'Espace
21
Planetes
UMMO
K52
NEREM
Aster.
T = energie Cinetique
= masse initiale
C = Vitesse lumière
Puissance
Po +
Energie
ΔW1
to
Temps.
ΔW2
Masse restituée
Po −
N'oubliez pas de prendre pour valeur de π = 22/7
de la 3e a la 4e dimension
+ ∞
Niveaux
Maîtres
Cosmiques
MACRO
MONDE
de l'ENERGIE PURE
Point Focal
Monde
FORMEL
MICRO
Terrestres
et
Cosmiques
Niveaux
Espace
Temps
Anti Espace
Anti Temps
ANTI
MONDE
1
2
3
4
5
6
7
0
7
6
5
4
3
2
1
0

[Seitlich Ergänzt]
Planeten
UMMO
~~KNI2~~
KS3
HEREM
Aster.

Schema der Materialisation und Dematerialisation einer Welle oder eines Körpers durch Frequenzänderung der universellen Energie in der Zeit und dem Raum

T = kinetische Energie
M = zentrale (?) Masse
C = Lichtgeschwindigkeit

$$M = m_0 + \frac{T}{c^2} \qquad m_0 + \frac{m_0 V^2}{2c^2}$$

$$4(\pi)\, M = m_0 + \frac{T}{c^2}$$

$$V = c \quad M = m_0\left(1 + \frac{1}{K}\right)$$

Temps.

$$4(\pi)\, M = m_0\left(\frac{K+1}{K}\right) K \neq 0$$

$$\Delta E = mc^2 + K$$

$$\Sigma(\Delta E - K) = \sum_{i=1}^{n^{-1}} \frac{\omega}{R_3} \quad \frac{\omega'}{R_{3i}}$$

Beschriftung im Bild:
y-Achse: Leistung
x-Achse: Zeit
Pfeil nach links oben = Energie
Pfeil nach links unten = restituierte/zurückgegebene Masse

(Kreuz in rotem Kreis) Vergessen Sie nicht als Wert für π $\frac{22}{7}$ zu nehmen.

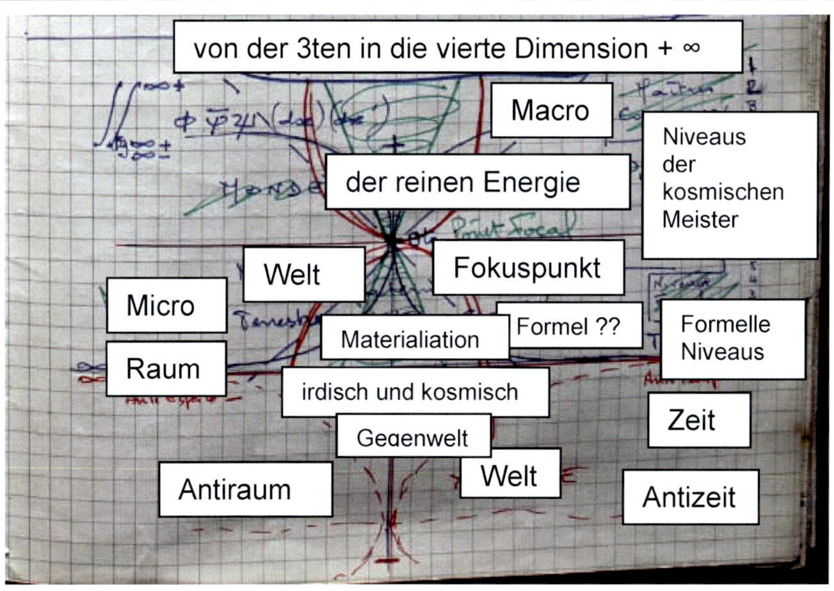

22

La "SCIENCE" et
Les Maîtres Instructeurs Terrestres Solaires & Cosmiques

- De la Science terrienne à la Science ET -

- Les 2 sciences = La Science Materielle
  = " "Mentale" Cosmique -
- Les phenomènes et realisation effectuées par la Science materielle au moyen d'objets construits par l'Homme terrestre et ET -
- Les realisations identiques executées par la Science Mental (cosmique / psychique) par l'ETRE - sans le secours d'un appareil materiel exclusivement par la Volonté de la pensée et de sa concentration par l'emploi de l'E -
- De la "mentalité" du materialisme scientifique et de ses realisations à la realisation des mêmes phenomènes par le "Mental" ou Volonté de l'emploi de l'Energie Universelle - par l'Evolution dite "Spirituelle" -
- De la difference entre les niveaux de realisation materielle et niveau de même realisation sur les frequences superieures "Mentales" — a) realisation des ET en matière UFO -
  b) " " " developpés en tant qu'Instructeurs des Humanités terrestres et cosmiques - superieurs aux ET en UFO -
  c) Technologie et "Sapience Divine" -

Die Meisterausbilder der Erde, der Sonne und des Kosmos *[Meisterausbilder könnte auch einfach die Herren Ausbilder, also die Ausbilder heißen]*

— von der irdischen und der außerirdischen Wissenschaft

— Die 2 Wissenschaften: = die materielle Wissenschaft
= die mentale, kosmische Wissenschaft

— Die Phänomene und die Umsetzung, die durch die materielle Wissenschaft mit den von Menschen und von Außerirdischen geschaffenen Objekten ausgeführt werden

— die selbe *[?]* Umsetzung, die durch die mentale (kosmische, physikalische) Wissenschaft durch das SEIN ausgeführt wird. Ohne Hilfe eines materiellen Apparates, ausschließlich durch den Willen der Gedanken und durch die Konzentration des Gebrauch des S. *[des SEINS/WESESNs, abgekürzt, vermutlich].*

— von der „Mentalität" des wissenschaftlichen Materialismus und von seinen Umsetzungen bis zur Umsetzung derselben Phänomene durch den „Geist" oder Willen des Gebrauchs der Universellen Energie durch eine sogenannte „spirituelle" Entwicklung.

— vom Unterschied zwischen den Niveaus der materiellen Realisation und dem Niveau der selben Realisation *[Wort unleserlich, bei ?]* höhereren "Mentalen" Frequenzen

_a-) Realisation der ET in Form von UFOs
b) Realisation der ET *[Wort unleserlich]* soviel, dass die Führer der irdischen und kosmischen Menschheit_
den ET des UFO überlegen *[Sinn?]*
c) Technologie und „göttliche Weisheit"

[Die gesamte Seite ist durchgestrichten]

Toute la Science terrestre occidentale est basée sur la 23
perception des sens physiques. matière et matériel scientifique ×
matérialisme dans toute sa conception terrestre : ce qui est
matière et matériel c'est à dire tout ce qui est ~~humain~~ perceptible aux
5 sens physiques (×) Rien d'autre n'existant en dehors de cela !

La Science ET ou cosmique – est double : (a) ~~d'une part~~ une connaissance matérielle
scientifique c'est à dire ~~faite~~ des appareils construits pour être [illegible] sur terre employés sur
mais dans les fréquences supérieures à celles de la terre par
construits [illegible] mais
correspondant avec des objets matériels mais invisibles dans certains
produisant des phénomènes classés parapsychologiques par les terriens
cas aux yeux terrestres, et d'autre part une Science Mentale la
seule véritable mais qui est l'apanage des Maîtres Cosmiques
qui veillent à l'évolution des humanités incarnées ou matérialisées dans des
vêtements physiques suivant les différentes fréquences de leur
niveau vibratoire d'évolution et de connaissance dans les différentes planètes
du cosmos.

Pour tous les phénomènes physiques matériels exécutés avec
des appareils construits par les humanités différentes du Cosmos
suivant leur évolution dans la connaissance et la forme, il
peut être réalisé des phénomènes incompréhensibles aux
(Ex dématérialisation OVNI ou phénomènes religieux)
yeux des terriens vu le niveau d'ignorance de cette science. Dans ce domaine
certaines découvertes terriennes sur les infra sons qui commandent
(ondes thermiques)
[illegible] cérébrales)
les tremblements de terre, ou infra rouge qui produisent la chaleur
ou certaines vibrations réalisées malheureusement dans un but
(mais auparavant les 2 précédents)
militaire sur les questions nucléaires et peuvent agir sur la foudre
le climat, l'eau, ne sont plus pour les terriens de la science fiction
ou des superstitions religieuses mais des faits réels dû au
progrès de leur connaissance technologique qui ne progresse pas de
pair comme on le voit avec la Sagesse.

Ceci est un point très important pour comprendre
l'évolution des humanités terrestres et d'ailleurs.

die gesamte irdische, westliche Wissenschaft basiert auf der/dem Wahrnehmung des physischen Sinnes, wissenschafliche Materie und Material, Materialismus in seiner irdischen Ausgestaltung: das was
Materie und Material ist, das heißt, das ganze/alles ~~Universum~~ was mit den 5 physikalischen Sinnen wahrnehmbar ist. *(x im Kreis)* Nichts anderes existiert außer diesem!
Die außerirdische oder kosmische Wissenschaft ist zweifach: ~~zum einen~~ materiell *(oben eingefügt: unleserlich),*
wissenschaftlich das heißt mit Apparaten, die von Wesen konstruiert wurden, und funktionierend auf
aber bei höheren Frequenzen als die die auf der Erde bekannt sind und genutzt werden folglich mit materiellen Objekten die aus kondensierter Materie hergestellt sind, aber die Phänomene hervorrufen, die von den Erdenbürgern als paraphysikalisch eingestuft werden, aber in bestimmten Fällen unsichtbar für die irdischen Augen und auf der anderen Seite eine Mentale Wissenschaft, die einzig Wahrhafte , die aber den kosmischen Meistern vorbehalten ist, die auf die menschliche Evolution Acht geben, die in physikalischer Gewandung inkarniert sind, oder sich die bei unterschiedlichen Frequenzen ihrer *[adjektiv unleserlich]* Niveaus der Evolution materialisiert haben, und der Entwicklung des Wissens in/unter den verschiedenen Planeten des Kosmos *[Verb unleserlich, folgen?].*
Für alle physikalischen, materiellen Phänomene die mit von unterschiedlichen Menschheiten konstruierten Apparaten ausgeführt werden, jede gemäß ihrem Fortschritt und der Kenntnis und der Form, können Phänomene ausgebildet werden, die in den Augen der Erdenbürger unverständlich sind bzw. die das Niveau ihrer Unkenntnis in dieser Domäne zeigen. (*Darüber geschrieben:* Ey*(Zeichen)* OVNI Dematerisalisation. oder *[Wort unleserlich]* Phänomene). Z.B. gewisse irdische Entdeckungen über den Infraschall, der Erdbeben hervorruft (*oben drüber:* in Beziehung mit bestimmten Gehirnströmen), oder das Infrarot, das Wärme produziert (*oben drüber:* thermische Welle) oder bestimmte irdische Vibrationen, die leider für einen militärischen Zweck bei Fragen der Kernenergie eingesetzt wurden, *(von oben eingefügt: Aber [Verb unleserlich, zurückkehren zu?]* den zwei vorangegangenen) und konnten unter dem Zorn des Klimas, des Wassers handeln, sie sind für die Erdenbürger nicht mehr nur Science Fiction oder religiöse Suggestionen, sondern reele Fakten die durch den Fortschritt ihres technologischen Wissens, der sich nicht vom Fleck bewegt, wenn man ihn aus dem Blickwinkel der Weisheit betrachtet.
Das ist ein sehr wichtiger Punkt um die Entwicklung der Menschheit auf Erden und anderswo zu verstehen.

[Die gesamte Seite ist durchgestrichten]

24 On pense normalement que si des êtres venus d'ailleurs ont une technologie très en avance sur celle de la terre, que ces êtres sont donc très évolués sur le plan mental, sentimental comme on l'entend sur la terre. Malheureusement il n'en est rien, tout au moins pour les niveaux de fréquence concernant les planètes qui ont colonisé la terre (les terriens étant un reflet de ces colonisateurs dans leurs qualités et défauts). Leur évolution technologique est une chose leur évolution dite "spirituelle" en est une autre. Les deux sont en progrès mais avec toujours un certain retard sur la question "spirituelle". C'est par cela qu'à différentes époques sont envoyés des Maîtres Instructeurs Cosmiques qui à différents degrés de leur hiérarchie enseignent et surveillent les progrès des mondes qu'ils sont chargés d'éduquer et de faire progresser dans la connaissance exactement comme sur votre terre vous commencez à l'école maternelle pour finir au doctorat — et pendant tout ce temps vous passez de la classe inférieure à la supérieure et rencontrez des maîtres enseignants de plus en plus érudits pour vous dispenser la connaissance afférente au niveau où vous trouvez.

Comme vous le comprenez maintenant tous les autres mondes sont des classes d'enseignement supérieur par rapport à la terre par lesquelles toutes les humanités doivent passer. Ceci pour les classes à formes humanoïdes telles que nous les connaissons.

Ces Maîtres Instructeurs qui viennent sur les différents mondes et en particulier sur la terre sont doués de facultés qui semblent pour des terriens des pouvoirs réservés à des dieux. Ce n'est que la Connaissance Véritable, ce que les anciens terriens appelaient la "Sapience Divine" qui consiste en la Maîtrise de l'Energie Universelle par la Connaissance qui permet de personnifier cette Energie et de paraître un Dieu — auprès des humanités ignorantes.

Man *[Verb unleserlich, denkt?]* normalerweise, dass wenn Wesen *[Adjektiv unleserlich: vermutlich lokal, hier]* und anderswo eine Technologie haben, die derjenigen auf der Erde weit überlegen ist, das diese Wesen auf dem mentalen und emotionalen Gebiet sehr weit entwickelt sind, wie man es auf der Erde hört. Leider ist das nicht richtig, das gilt umso weniger für die Frequenzniveaus, die die Planeten betrifft, die die Erde kolonialisiert haben (*Einfügung von oben:* die Erdenbürger sind ein Spiegelbild dieser Kolonisten mit deren Qualitäten und Fehlern). Ihre technologische Entwicklung ist eine Sache, die sogenannte „spirituelle" Entwicklung eine andere. Die beiden schreiten voran aber immer mit einem gewissen Rückstand in den „spirituellen" Fragen. Deshalb wurden zu unterschiedlichen Zeiten die ~~Es sind die~~ kosmischen Meisterausbilder geschickt, die auf unterschiedlichen Stufen ihrer Hierarchie den Fortschritt der Welten anleiten und überwachen, mit deren Ausbildung und Voranbringen der Kenntnisse sie beauftragt sind, genau wie auf eurer Erde. Sie beginnen im Kindergarten um später einen Doktor zu machen und während der gesamten Zeit kommen Sie von der unteren Klasse in die höhere Klasse und treffen Sie auf Ausbilder die immer stärker *[Adjektiv/Adverb unleserlich]* sind, um Ihnen die offensichlichen Kenntnisse auf dem Niveau zu vermitteln, auf dem Sie sich befinden.

Jetzt verstehen Sie alle anderen Welten sind höhere Ausbildungsklassen (*eingefügt:* im Vergleich zur Erde) die alle Menschheiten durchlaufen müssen. Das zu den humanoiden Klassen, wie wir sie kennen.

[Bis hierher durchgestrichen]

~~Zur Umsetzung und Ausführung der Phänomene die~~ Die Meisterausbilder die auf verschiedene Welten kommen, und besonders auf die Erde, besitzen Fähigkeiten, die den Erdenbürgern wie ~~Fähigkeiten~~ Können, das Göttern vorbehalten ist, erscheinen. Es ist jedoch nichts anderes als die wirkliche Kenntnis dessen, was die alten Erdenbürger als die „Weisheit Gottes" bezeichneten und was in der Beherrschung der Universellen Energie durch das Wissen besteht, die es erlaubt ~~erlaubt~~ die Energie zu personifizieren und _ den ignoranten/unwissenden Menschheiten als Gott als Gotteswesen zu erscheinen.

25

C'est pour cela qu'il existe toute une échelle de valeur de la Connaissance en rapport avec la Science de la forme et celle de l'Esprit ou Energie Universelle ou Divine. et que les Maîtres cosmiques à quelques niveaux d'enseignements qu'ils soient n'ont pas besoin de moyens matériels pour se manifester sur les plans où ils enseignent puisque employant l'Energie Universelle afférente à leur niveau d'instruction en la personnifiant ce qui explique les paroles du Maître Jésus : Soyez UN comme je suis UN avec le PÈRE le Père étant cette Energie Divine Universelle à un certain niveau fréquentiel

Le terme de Spiritualité doit être remplacé par le terme de Connaissance qui est la Maîtrise de l'Energie Universelle dans toutes ses manifestations par son emploi conscient et volontaire dans toutes les fréquences vibratoires. alors que la Science technique est la Création par la matérialisation et la construction d'objets matériels dans le but de produire des phénomènes physiques par l'emploi de ces objets réglés sur différentes fréquences électro magnétiques de l'énergie Universelle -

C'est pour cela que le "Mental" au point de vue de l'évolution des Etres ne progresse pas à la même vitesse que la connaissance technique et matérielle de la Science physique dans tous les domaines qu'elle sous-entend - (électromagnétisme gravitation nucléaire etc...) et que ce déséquilibre entraine pour les Etres en question des conflits dûs à l'ignorance de la mise en oeuvre de l'Energie qui produit aussi des inharmonies ou pour parler terrestrement des courts circuits

Deshalb existiert eine Werteskala der Kenntnisse über die Wissenschaft und die Form sowie eine des Geistes oder der Universellen oder Göttlichen Energie und deshalb brauchen die kosmischen Lehrer auf einigen Lehrniveaus keine materiellen Mittel, um sich dort zu manifestieren, wo sie unterrichten denn mit Hilfe der universellen Energie, die ihrem Lehrniveau zugehörig ist und indem sie diese personifizieren, damit lassen sich die Worte des Herrn Jesus erklären: Sei EINS wie ich EINS bin mit dem Vater. Der Vater ist diese göttliche universelle Energie auf einem gewissen Frequenzniveau.

Der Ausdruck der Spiritualität muss durch den Ausdruck Kenntnis, der die Beherrschung der universellen Energie in allen ihren Ausprägungen durch ihren bewussten und willentlichen Gebrauch auf allen Schwingungsfrequenzen beschreibt, ersetzt werden. Dasselbe gilt für die technische Wissenschaft, die nichts andeeres als die Erschaffung durch die Materialisation und die Konstruktion von materiellen Objekten mit dem Ziel physikalische Phänomene hervorzubringen durch den Gebrauch von Objekten, die auf verschiedene elektromagnetishe Frequenzen der universellen Energe eingestellt sind, ist.

Deshalb entwickelt sich das „Mentale" aus Sicht der Entwicklung der Wesen nicht mit derselben Geschwindigkeit, wie die technischen und materiellen Kenntnisse der physikalischen Wissenschaft in allen Bereichen, die sie umfasst (Elektromagnetismus, Gravitation, Kernkräfte etc. ...). und dass dieses Ungleichgewicht für die besagten Wesen Konflikte aufgrund des Unwissens des Einsatzes der Energie nach sich ziehen, die so Disharmonien oder um es mit irdischen Worten auszudrücken einen Kurzschluss

[Die gesamte Seite ist durchgestrichten]

26 dans ses manifestations transposées sur les plans de la forme c'est dire dans la materialisation des effets et de leurs conséquences sur les niveaux vibratoires denses; ces materialisations n'étant pas faits pour ces niveaux de frequence énergetique –

Voyance & Clairvoyance

La Voyance est une faculté "Terrestre" permettant de connaître des evenements probables et certains dans le temps et l'espace terrestre, appartenant au futur, concernant des humains des points fixes programmés dans et par la partie invisible de l'Être, pour son evolution dite "psychique" sur le plan terrestre pendant son incarnation et les evenements probables laissés au libre arbitre des Êtres, entre ces points fixes immuables.
Ces points fixes sont des points determinés ressemblant a des examens de passage en classe superieure ou a un parcours de rallye avec ses points fixes de controle obligatoires de passage – d'où les "Erreurs" de Voyance entre ces points fixes qui sont dûes au libre arbitre des êtres, qui peut changer d'un instant a l'autre – la voyance a un moment donné n'étant plus la même quelques instants plus tard du fait de l'esprit versatile des humains dû a leur liberté conditionnée –

La Clairvoyance est une faculté cosmique qui permet de voir l'invisible – les differentes frequences de l'Energie Universelle, avec les "corps subtils" de l'Être

in ihren Manifestationen, die auf den Ebenen der Form transponiert wurde, hervorrufen, das heißt *[?]* in der Materialisation der Effekte und ihrer Konsequenzen auf die dichten Vibrationsniveaus: diese Materialisationen wurden nicht für diese Niveaus der energetischen Frequenz gemacht.

[Der Absatz ist durchgestrichen]

Wahrsagen & Hellsehen

Das Wahrsagen ist eine „irdische" Fähigkeit die es erlaubt (oben eingefügt:wahrscheinliche und sichere) Ereignisse in der irdischen Zeit und dem irdischen Raum *[Wort durchgestrichen, unleserlich]* zu kennen, die zu ~~(dem Werden, (dem freien Willen)~~ der Zukunft der Menschheit und die die festvorgegebenen Punkte (*oben eingefügt:* in und durch) den unsichtbaren Teil des Seins (*oben eingefügt:* betreffen), für seine (*oben eingefügt:* sogenannte) psychische Entwicklung ud den irdischen Plan während seiner Menschwerdung und den ~~wahrscheinlichen~~ wahrscheinlichen Ereignissen ~~oder~~ , die vom freien Willen des Seins anstoßen sind, zwischen den unveränderlichen, festgelegten Punkten.
Diese festgelegten Punkte sind vorherbestimmte Punkte, die an Abschlusstests in höheren Klassen erinnern oder an einen Rallye-Parcours mit festen Kontroll- und Durchlasspunkten. Die Fehler des Wahrsagens zwischen den Fixpunkten stammen vom freien Willen, der sich von einem zum anderen Moment ändern kann: die Wahrsagung ist zu einem bestimmten Moment nicht mehr dieselbe wie ein paar Augenblicke später, wegen des sprunghaften menschlichen Geistes aufgrund ihrer ~~(ihres freien Willens)~~ anerzogenen Freiheit.
Die Hellsichtigkeit ist eine kosmische Fähigkeit, die es erlaubt das unsichtbare_ die unterschiedlichen Frequenzen der universellen Energie zu sehen mit den „feinsinnigen Körpern" des Seins

[Der Text ist durchgestrichen]

les chakras, les Auras, les mondes "parallèles" autrement dit 27
les différentes dimensions constituant l'Univers et qui sont invisibles
aux yeux de la chair et au monde physique terrestre -
Cette faculté est une partie de la CONNAISSANCE
Universelle qui permet d'accéder au Savoir infini -
à l'OMNISCIENCE aux "Archives akashiques" ou appelé "livre de vie" dans
les écritures (mais ces Archives étant limitées en fréquence à l'histoire de la Terre
et de Entité planétaire et sur des registres supérieurs à l'histoire des Entités
planétaires, systémiques, galactiques et plus encore suivant le niveau
de Connaissance accessible suivant l'Évolution de l'ÊTRE dans
l'Univers jusqu'à l'Union avec l'Unique dans l'OMNISCIENCE -

page suivante.

planétaires,
systémiques et galactiques et plus encore suivant le niveau de connaissance dépendant de l'évolution de l'Être
dans l'Univers -
faisant partie du [illegible] le Savoir Universel, et émanant de celui-ci
on peut l'appeller aussi archives akashiques, appelées "livre de vie" dans les textes mais ces derniers étant
limitées en fréquence à la [illegible] à l'histoire de la Terre, sur un registre supérieur ou une autrement dit à la fréquence d'évolution de l'entité planétaire
fréquence [illegible] supérieure permettant l'accès aux archives

dem Chakra, den Auren, den „parallelen" Welten, anders gesagt den unterschiedlichen Dimensionen, die das Universum bilden und die mit den körperlichen Augen und in der irdischen physischen Welt nicht sichtbar sind. Diese Fähigkeit ist ein Teil der universellen KENNTNIS die den Zugang zu ~~dem unendlichen Wissen der Alwissenheit~~ den „Akasha-Chroniken" oder (*oben eingefügt:* sogenannte) „Bücher des Lebens" in den Schriften aber diese Chroniken sind (oben eingefügt: in ihrer Frequenz) auf die Geschichte der Erde ~~und die planetare Wesenheit~~ eingeschränkt und auf *[??]* den Registern die höher sind als [*oder auf den höheren Registern, dann ist aber die Verknüpfung zu der Geschichte unklar]* die Geschichte der planetaren, systemischen, galaktischen Wesenheiten und mehr noch gemäß dem Kenntnistand der infolge der Evolution dem Sein im Universum zugänglich ist bis zur Vereinigung mit der Einzigartigen Allwissenheit.

nächste Seite.

planetare, systemisch und galaktisch und mehr noch gemäß dem Kenntnisstand und während der Evolution des Seins im Universum ~~in Verbindung mit dem~~ die Teil des Universellen Wissens sind und die von ihm ausgehen, kann man sie auch die Akasha-Chroniken, (*oben eingefügt)* sogenannte „Bücher es Lebens" in den *(Nomen unleserlich)*, aber die letzten sind in der Freuquenz auf die Geschichte der Erde beschränkt, (*oben eingefügt:* anders gesagt auf die Frequenz der Entwicklung der planetaren Entität). Auf einem höheren Verzeichnis oder einer höheren (~~Schwebungs-~~) Frequenz (*oben eingefügt:* ~~die es erlaubt~~) ~~man kann haben~~ der Zugang zu den Archiven

[Der gesamte Text ist durchgestrichen]

28 Éd.

Voyance et Clairvoyance

Voyance

La voyance est une faculté "terrestre" permettant de connaître des événements probables et certains, dans le temps et l'espace terrestre, appartenant au futur des humains et concernant les points fixes programmés dans et par la partie invisible l'ÊTRE, pour son évolution dite "Psychique" sur le plan terrestre pendant son incarnation et les événements probables laissés au libre arbitre des Êtres entre ces points fixes immuables.

Ces points fixes sont des points de référence déterminés ressemblant à des examens de passage en classe supérieure ou sur un parcours de rallye aux points fixes de contrôle de passage obligatoire.

D'où les "erreurs" de voyance entre ces points fixes qui sont dues au libre arbitre des Êtres, qui peuvent changer de pensées et d'action d'un instant à l'autre : la voyance à un moment donné n'étant plus la même quelques instants plus tard du fait de l'esprit versatile des humains dû à leur liberté conditionnée appelée libre arbitre.

CLAIRVOYANCE

La clairvoyance est une faculté cosmique, qui permet de "voir" ce qui est "invisible" aux yeux de la chair, les différentes fréquences de l'Énergie Universelle, les composants de l'Être c'est-à-dire ses corps dits "subtils" vibrant et vivant sur d'autres fréquences que la celle de la matière terrestre, les chakras, les auras, les mondes parallèles, autrement

Wahrsagen und Hellsichtigkeit

Ed.

Wahrsagen

Das Wahrsagen ist eine „irdische" Tätigkeit, die es erlaubt wahrscheinliche und sichere Ereignisse in der Zeit und dem irdischen Raum vorherzusagen, die zur Zukunft der Menschheit gehören und feste, programmierte Punkte von und durch den unsichtbaren Teil des Seins betreffen, um seine nach irdischem Ermessen sogenannte „psychische" Entwicklung während seiner Menschwerdung und die wahrscheinlichen Ereignisse, die dem freien Willen der Wesen zwischen den festen, *[??? adjektiv unleserlich]* Punkten überlassen sind.

Diese festen Punkte sind bestimmte Referenzpunkte, die an Abschlusstests in höheren Klassen erinnern oder an einen Rallye-Parcours mit verbindlichen Kontroll- und Durchlasspunkten.

Die Fehler des Wahrsagens zwischen den Fixpunkten stammen vom freien Willen der Wesen, die ihre Meinung und ihre Handlungen von einem zum anderen Moment ändern können: die Wahrsagung ist zu einem bestimmten Moment nicht mehr dieselbe wie ein paar Augenblicke später, wegen des sprunghaften menschlichen Geistes aufgrund seiner-anerzogenen Freiheit, die auch freier Wille genannt wird.

Hellsichtigkeit

Die Hellsichtigkeit ist eine kosmische Fähigkeit, die es erlaubt, das zu „sehen", was für die fleischlichen Augen „unsichtbar" ist, die unterschiedlichen Frequenzen der universellen Energie, die Wesensbestandteile, das heißt seinen sogenannten „feinsinnigen" Körpern, die auf anderen Frequenzen schwingen und leben als jene der irdischen Materie, die Chakras, die Auren, Parallelwelten, anders

dit les autres dimensions constituant l'Univers dans les 29
différentes fréquences de l Energie Universelle. cosmique. divine
mots différents pour la même chose : l Energie "UNIQUE" en un
mot "DIEU". Cette faculté fait partie intégrante de la CONNAIS-
-SANCE UNIVERSELLE - qui permet d'accéder suivant la
fréquence employée aux Archives Akashiques appelées "Livre de Vie" dans
les Ecritures - mais limitée à l'histoire de la terre et de son humanité.
et sur des fréquences supérieures, à l'histoire de l'Entité planétaire.
Systémique, galactique et plus encore suivant le niveau de
connaissance accessible à l'évolution de l'être dans l'Univers,
jusqu'à son Union totale avec l'Unique dans l'omniscience -
l omniprésence en un mot dans le TOUT INFINI réin-
tégré - c'est à dire DIEU -

gesagt, die anderen Dimensionen, die das Universum ausmachen, auf unterschiedlichen Frequenzen der universellen, kosmischen, göttlichen Energie, das sind alles Worte für dieselbe Sache: Die „EINZIGARTIGE" „ENERGIE" _ in einem Wort „GOTT". Diese Fähigkeit ist Bestandteil des UNIVERSELLEN WISSENS, das es erlaubt gemäß der verwendeten Frequenz Zugang zu den Akasha-Chroniken zu bekommen, die in den heiligen Schriften auch „Bücher des Lebens" genannt werden, aber sie sind auf die Geschichte der Erde und ihrer Menschheit beschränkt und auf höheren Frequenzen auf die Geschichte der planetaren, systemischen, glaktischen Entität und mehr noch gemäß dem Wissensniveau, das der Entwicklung des Seins im Universum zugänglich ist, bis zu seiner vollständigen Vereinigung mit dem „Einizgen in der Allwissenheit, der Allgegenwart oder zusammengefasst ins VÖLLIG UNENDLICHE zurückgekehrt, das heißt GOTT.

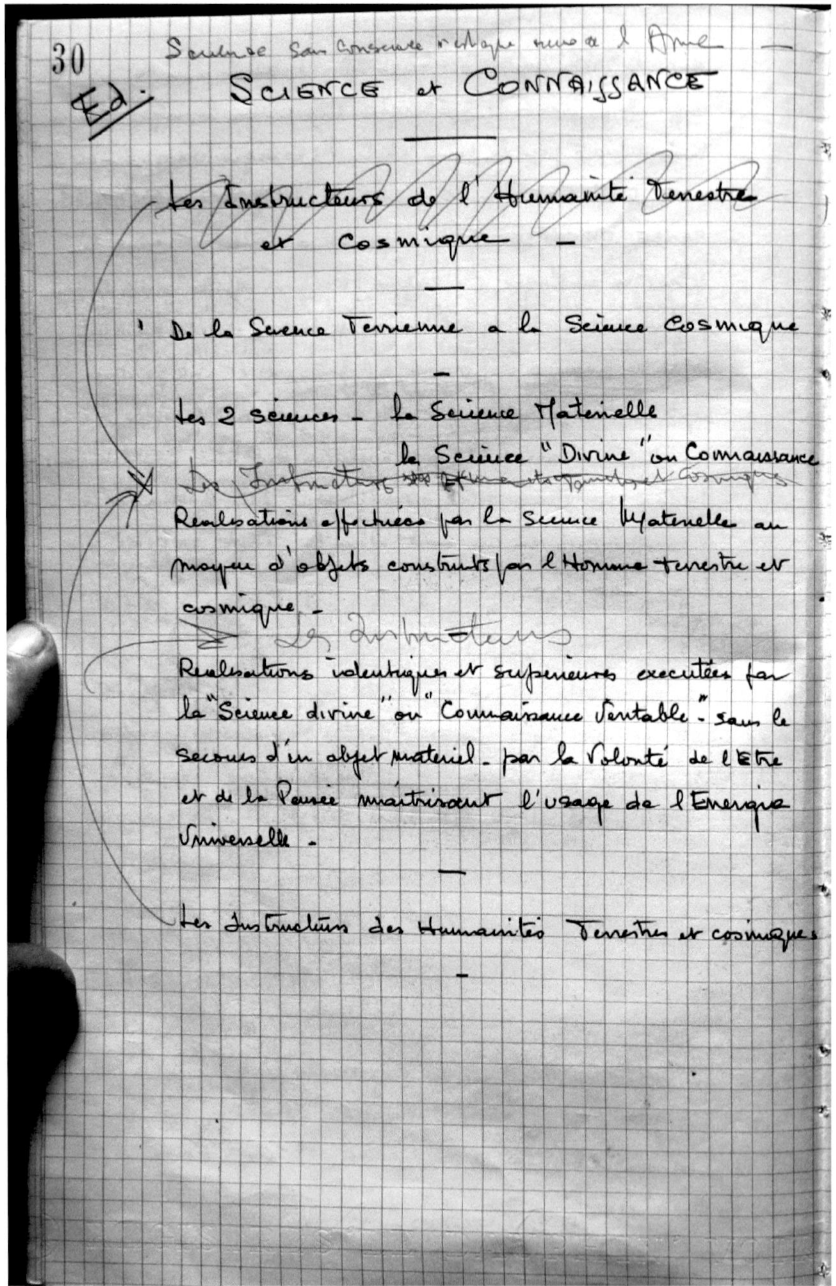

30 Science sans conscience n'est que ruine de l'Âme —

Ed.

SCIENCE et CONNAISSANCE

~~Les Instructeurs de l'Humanité Terrestre et Cosmique~~ —

De la Science Terrienne à la Science Cosmique

Les 2 sciences – la Science Matérielle

la Science "Divine" ou Connaissance

~~Les Instructeurs des Humanités Terrestres et Cosmiques~~

Réalisations effectuées par la Science Matérielle au moyen d'objets construits par l'Homme terrestre et cosmique. –

Les Instructeurs

Réalisations identiques et supérieures exécutées par la "Science divine" ou "Connaissance Véritable". sans le secours d'un objet matériel – par la Volonté de l'Être et de la Pensée maîtrisant l'usage de l'Énergie Universelle. –

Les Instructeurs des Humanités Terrestres et cosmiques

(mit dünnem Stift geschrieben) Wissenschaft ohne Bewusstsein ist nur *[??Wort unleserlich]* der Seele

Ed. Wissenschaft und Kenntnis

(durchgestrichen:) Die Ausbilder der irdischen und kosmischen Menschheit

---

Von der irdischen und der kosmischen Wissenschaft

Die 2 Wissenschaften_ die materielle Wissenschaft
_ die „göttliche" Wissenschaft oder Kenntnis

[mit dünnem Stift geschrieben und durchgestrichen, schlecht lesbar, vermutlich:] Die Ausbilder der irdischen und kosmischen Menschheit

Konstruktionen, die von der materiellen Wissenschaft mit von irdischen und außerirdischen Menschen konstruierten Objekten ausgeführt wurden.

[mit dünnerem Stift geschrieben] Die Ausbilder
Gleiche und höherwertige Konstruktionen, die von der „göttlichen Wissenschaft" oder „wahren Kenntnis" ohne Hilfe eines materiellen Objekts, sondern nur mit dem Willen des Wesens und mit dem Gedanken, der den Gebrauch der universellen Energie versteht, ausgeführt wurden.

Die Ausbilder der irdischen und kosmischen Menschheit

31

Toute la Science Terrestre et occidentale en particulier est basée exclusivement sur ce qui est perceptible par les sens physiques et sensibilisé par un matériel "scientifique" produisant des phénomènes matériels en rapport avec les fréquences de l'Énergie Universelle employée sur la Terre que ce soit en Physique, chimie, Biologie etc.... Rien d'autre n'existant pour la dite science officielle.

La Science dite Extra Terrestre ou Cosmique est double. 1° Une science matérielle technologique constituée par des appareils physiques mais produisant des phénomènes niés par la science terrestre parce que impossible à réaliser dans l'état de connaissances terriennes. Ces phénomènes courants dans les autres mondes sont classés par ordre de fréquence dans l'échelle de l'Énergie Universelle – que ce soit : matérialisation, dématérialisation, lévitation d'objets, Transformation et malléabilité de la matière dense, Téléportation instantanée etc – » (Plus la fréquence employée est élevée et plus les phénomènes sont inimaginables et incompréhensibles pour des terriens. Tous ces phénomènes physiques matériels peuvent être exécutés par des appareils construits par les humanités différentes du Cosmos suivant leur évolution dans la connaissance de la mise en œuvre de l'énergie et de la forme.

Certaines découvertes terriennes sur les infrasons, la gravitation, la physique nucléaire, qui peuvent commander aux climats, foudre, tremblements de terre, commencent à être connues des terriens mais malheureusement employées dans une direction de destruction à but militaire, ce qui montre que la technologie ne suit absolument pas la progression en rapport avec la Sagesse.

Ceci est un point très important pour comprendre l'évolution des humanités terrestres et cosmiques.

..../....

Die gesamte irdische und besonders die westliche Wissenschaft basiert ausschließlich auf dem was mit dem physikalischen Sinn wahrnehmbar ist und was durch ein „wissenschaftliches“ Material das materielle Phänomene in Verbindung mit irdischen Frequenzen, welche auch immer das in der Biologie, der Chemie und der Physik sind, der Universellen Energie ~~produziert~~ sensibilisiert ist. Für die sogenannte offizielle Wissenschaft existiert nicht anderes.

Die sogenannte Außerirdische *[mit erstem Buchstaben groß geschrieben]* oder Kosmische *[mit erstem Buchstaben groß geschrieben]* Wissenschaft hat zwei Aspekte. 1. Sie ist eine technologische und materielle Wissenschaft, die aus physikalischen Apparaten besteht, aber Phänomene hervorbringt, die von der irdischen Wissenschaft geleugnet werden, weil sie mit dem irdischen Wissenstand nicht realisierbar sind. Diese in anderen Welten gängigen Phänomene, nämlich: die Materalisation, Dematerialisation, Levitation von Objekten Transformation und Formbarkeit der festen Materie, ~~etc.~~ sofortige Teleportation etc. zeichnen sich durch einen bestimmten Frequenzbereich der Universellen Energie aus. Je höher die verwendete Frequenz ist desto unvorstellbarer und unverstehbarer werden die Phänomene für die Erdenbürger. Alle diese physikalischen, materiellen Phänomene ~~sind~~ können von den unterschiedlichen Menschheiten im Kosmos hervorgebracht werden, nach dem jeweiligen Entwicklungsstand im Wissen der Beherrschung der Energie und der Form.

Einige irdische Entdeckungen auf den Gebieten des Infraschalls, der Gravitation der Mechanik, die das Klima beeinflussen können, Blitze und Erdbeben hervorrufen können, beginnen den Erdenbürgern bekannt zu werden, aber leider in einer zerstörerischen Richtung mit militärischen Zielen, was zeigt, dass die Technologie überhaupt nicht dem Fortschritt in Bezug auf die Weisheit folgt.

Das ist ein sehr wichtiger Punkt um die Entwicklung der irdischen und kosmischen Menschheiten zu verstehen.

32 On pense généralement que si des êtres viennent d'ailleurs c'est que ces êtres ont une avance technologique de plusieurs siècles sur les terriens et qu'ils doivent être en outre beaucoup plus évolués, sur les plans, psychique, mental etc... que les humains –

Malheureusement point n'est-ce le cas, tout au moins ~~couramment~~ pour les niveaux de fréquence concernant les planètes qui ont colonisées la Terre, et d'autres planètes (3ème et 4ème dim) les terriens étant en effet les descendants de ces Colonisateurs avec leurs défauts, et leurs qualités. Leur évolution technologique est une chose, leur niveau dit "spirituel" en est un autre. Les deux progressent mais avec un certain retard sur la question "spirituelle". Il suffit de lire la Bible à ce sujet – (Ancien Testament qui relate les temps sur terre d'un détachement Colonisateur venu d'ailleurs. Esaïe XIII. v. 4.5) C'est pour cela qu'à différentes époques sont envoyés des Maîtres Instructeurs Cosmiques (appelés Messie sur la Terre.) pour donner un ~~[illegible]~~ enseignement "spirituel", adéquat pour l'époque que traverse la civilisation planétaire arrivée à un ~~nouveau~~ certain degré d'évolution.

Ces Maîtres instructeurs Cosmiques appartiennent à la Hiérarchie Cosmique ~~ou Grand~~ et aux différents Conseils Cosmiques (supérieurs à la 5ème dimension) qui comporte différents degrés dans l'échelle de la Connaissance et différents départements concernant les Régions de l'Univers formel dans toutes les dimensions.

Ils enseignent et surveillent les progrès des Mondes "Colonisés" qu'Ils sont chargés d'éduquer et de faire progresser dans la Connaissance* exactement comme sur Votre terre vous commencez à l'école maternelle pour finir au Doctorat. Et pendant tout ce temps d'école vous passez des classes inférieures aux supérieures

Man glaubt im Allgemeinen, dass wenn Wesen von anderswo kommen, dann haben diese Wesen einen technologischen Vorsprung von mehreren Jahrhunderten gegenüber den Erdenbürgern und dass sie außerdem physisch und geistig weiter entwickelt sind, als die Menschen.

Leider ist nichts davon der Fall, das Gegenteil ~~betreffend~~ trifft auf die Frequenzniveaus zu, die die Planeten betreffen, welche die Erde (oben eingefügt: und andere Planeten (3. und 4. *[Wort unlesbar])* kolonialisiert haben; die Erdenbürger sind tatsächlich die Nachkommen dieser Kolonialisierer mit deren Fehlern und deren Qualitäten. Ihre technologische Entwicklung ist die eine Seite, ihr sogenanntes „spirituelles“ Niveau ist eine andere. Beide entwickeln sich weiter, jedoch mit einer gewissen Rückstand auf dem Gebiet des „spirituellen“. Es genügt die Bibel zu diesem Thema zu lesen. (Das alte Teslament verknüpft die Ankunft auf der Erde mit einem militärischen Verband /der Kolonialisatoren, die von weither kommen Jesaja XIII v.4.5)

Es wurden deshalb zu unterschiedlichen Zeiten die Meisterausbilder auf die Erde geschickt, die auf der Erde Messias heißen), um eine „spirituelle“ Ausbildung zu geben, die der Epoche die die planetare Zivilisation durchmacht angemessen ist; sie kümmern sich so um einen gewissen Grad an Entwicklung.

Diese kosmischen Meisterausbilder gehören der kosmischen Hierarchie an und den *unterschiedlichen [durchgestrichene Worte unlesbar]* kosmischen-Räten *[Mehrzahl rot ergänzt]* (höher als die 5te Dimension), die unterschiedliche Grade auf der Skala des Wissens und den unterschiedlichen Abteilungen der Religionen des Universums beinhalten, die in allen Dimensionen vorhanden sind.

Sie bilden aus und überwachen den Fortschritt der „kolonialisierten“ Welt. Sie sind mit der Ausbildung beauftragt und damit das Wissen voranzubringen, genau wie auf Ihrer Erde, Sie beginnen im Kindergarten und enden mit dem Doktortitel. Und währen der ganzen Schulzeit kommen sie von den niedrigeren in die höheren Klassen,

après des examens de passage si besoin est et vous rencontrez des **33**
maîtres enseignants de plus en plus érudits pour vous dispenser la Connaissance afférente au niveau où vous vous trouvez pour vous permettre de progresser dans celle-ci

Comme vous le comprenez maintenant tous les autres Mondes sont des classes d'enseignement supérieur par rapport à la Terre par lesquelles toutes les Humanités doivent passer. Ceci pour les créations à formes Humanoïdes telles que nous les connaissons. Car dans l'Univers de nombreuses autres formes de créations existent et qui n'ont rien à voir avec la forme humaine qui nous concerne ni avec le genre d'évolution dite "Spirituelle" de notre humanité -

Ces Maîtres Instructeurs qui viennent sur les différents Mondes et en particulier sur la Terre, sont doués de facultés qui semblent pour les Terriens des pouvoirs réservés à des Dieux. Or ce n'est que la Connaissance que les anciens appelaient la "Sapience Divine" qui en réalité consiste en la Maîtrise de l'Energie Universelle qui permet de personnifier cette Energie et de paraître un Dieu pour les populations ignorantes des Lois cosmiques -

C'est pour cela qu'il existe toute une échelle de Valeur dans la Connaissance en rapport avec la Science de la Forme et celle de l'"Esprit" ou Energie Universelle ou divine et que les Maîtres Cosmiques à quelques niveaux d'enseignement qu'Ils soient n'ont pas besoin de Moyens Matériels pour se manifester sur les plans où ils enseignent, puisque employant l'Energie Universelle afférente à leur Niveau d'Instruction en la personnifiant ce qui explique la parole du Maître Jesus - "Soyez UN comme je suis UN avec le PERE -" le Père étant cette Energie Universelle à un certain Niveau fréquentiel pour l'instruction de cette planète -

evtl. nach Zwischenprüfungen und Sie treffen auf Lehrer die höher und höher gebildet sind, um Ihnen die Kenntnisse gemäß Ihres Wissensstands zu vermitteln, um Ihnen zu erlauben diesen zu verbessern.

Wie Sie inzwischen verstanden haben, sind alle anderen Welten höhere Unterrichtsklassen im Vergleich zur Erde, die die Menschheit noch absolvieren muss. Dasselbe gilt für die Kreaturen mit humanoiden Formen, wie jene die wir kennen. *[Bin unsicher, ob es so heißt]* Denn im Universum gibt es zahlreiche andere Kreaturen, die nichts mit der menschlichen Form zu tun haben, die uns betrifft und nichts mit der Art der sogenannten „spirituellen" Entwicklung unserer Menschheit.

Die Ausbilder, die zu unterschiedlichen Welten und besonders auf die Erde kommen, sind mit Fähigkeiten begabt, die uns Erdenbürgern erscheinen, als seien es Gott vorbehaltene Kräfte. Dabei ist es nichts als die Kenntnis dessen, was die Alten die „göttliche Weisheit" nannten und die tatsächlich auf der Beherrschung der Universellen Energie besteht, die es erlaubt diese Energie zu personifizieren und der Bevölkerung, in Unwissenheit der kosmischen Gesetze, als ein Gott ~~zu sein~~ zu erscheinen.

Deshalb gibt es eine ganze Werteskala der Kenntnis der Wissenschaft der Form und der des „Geistes" oder der universellen oder göttlichen Energie und deshalb brauchen die kosmischen Ausbilder auf einigen Ausbildungsniveaus keine materiellen Hilfsmittel, um sich dort zu manivestieren, wo sie unterrichten. Denn indem sie die Universelle Energie nutzen, die ihrem Ausbildungsstand zugehörig ist und indem sie diese personifizieren, tun sie was den Satz des Herrn Jesus erklärt" Seid EINS wie ich EINS bin mit dem VATER". Der Vater ist darin die Universelle Energie auf einem gewissen Frequenzniveau zur Unterrichtung dieses Planeten.

34

Le terme de "Spiritualité" doit être remplacé par celui de CONNAISSANCE. qui est le terme véritable concernant l'explication de la Maîtrise de l'Energie Universelle dans toutes ses manifestations par son Utilisation consciente et Volontaire dans toutes ses fréquences vibratoires alors que la Science Technologique est la création par la materialisation d'objets construits de telle sorte qu'ils produisent des phenomènes physiques identiques à ceux de la Connaissance mais grace à un reglage sur les differents fréquences de l'Energie Universelle transformée en forces produisant ces diverses manifestations.

C'est pour cette raison que la Connaissance et la Technologie ne progressent pas de pair avec l'Evolution des Etres. La technologie est la plupart du temps en avance seulement dans les dimensions basses (3e. 4e.) sur la Connaissance ce qui produit un déséquilibre grave. La Science Physique actuelle sur la terre a atteint un niveau de Savoir trop elevé par rapport au niveau de la Connaissance Sagesse. (electromagnetisme, Nucleaire, gravitation etc..) et ce desequilibre entraine pour les Terriens des conflits dû à l'Ignorance de la Mise en oeuvre de l'Energie qui produit ainsi des inharmonies ou pour parler terrestrement des "court-circuits" dans ses manifestations transposées sur les plans de la Forme (humaine, animale vegetale minerale), c'est à dire dans la materialisations des effets et de leurs conséquences sur les niveaux vibratoires denses, ces materialisations n'étant pas faites pour ces niveaux de fréquences énergétiques sur le plan où ils sont produits.

On peut en voir l'illustration lors de la venue sur la terre d'atterrissage de Vaisseaux Spatiaux venus d'ailleurs et qui laissent des traces parceque les vibrations qu'ils dégagent sont encore trop élevées pour la "matière dense" dont le niveau

Der Ausdruck „Spiritualität“ muss durch den Begriff der „Kenntnis“ ersetzt werden. Das ist der richtige Ausdruck für die Erklärung der Beherrschung der universellen Energie in allen ihren Ausprägungen durch ihre bewusste und willentliche Verwendung auf allen Schwingungsfrequenzen, während die technische Wissenschaft das Erschaffen durch die Herstellung von Objekten solcherart ist, dass sie physikalische Phänomene hervorbringen, die denen der Kentnis gleichen, aber dank einer Einstellung auf andere Frequenzen der universellen Energie lassen sich damit ihre vielfältigen Erscheinnungsformen hervorbringen.

Deshalb entwickeln sich die Kenntnis und die Technologie nicht gleichauf mit der Entwicklung der Wesen. Die Technologie ist die meiste Zeit der Kenntnis voraus *[oben eingefügt, erstes Wort unklar, evtl. „nur“ abgekürzt]* in den niederen Dimensionen (3.,4.), woraus ein schwerwiegendes Ungleichgewicht folgt. Die aktuelle physikalische Wissenschaft auf der Erde hat einen zu hohen Wissensstand erreicht im Vergleich mit ihrem Wissen auf dem Gebiet der Weisheit. (Elektromagnetismus, Kernphysik, Gravitation, etc...) Und dieses Ungleichgewicht bringt für die Erdenbürger Konflikte mit sich aufgrund der Unkenntnise der Beherrschung der Energie, die so Disharmonien hervorbringt oder um es in irdischen Worten auszudrücken, es werden „Kurzschlüsse“ produziert, die sich in der Materialisation auf dem Gebiet der Form (menschlich, tierisch, planzlich, mineralisch) äußern. Das heißt, in der Materialisation der Effekte und ihrer Konsequenzen auf den dichten Vibrationsniveaus sind diese Materialisation nicht für die energetischen Frequenzen *[Mehrzahl in Rot ergänzt]* geschaffen, bei denen sie hervorgebracht werden.

Dies wird illustriert durch die Ankunft, die Landung von Raumschiffen auf der Erde, die von weit her gekommen sind und die Spuren hinterlassen, weil die Vibrationen, die sie verbreiten sind [oben eingefügt: noch] zu hoch für die „feste Materie“ deren Vibrationsniveau

vibratoire est trop bas par rapport a celui du Vaisseau et de 35
ce fait produit une certaine "destruction" dans l'environnement
terrestre - exactement comme si un humain tenant 2 fils
électriques reçoit sans danger un petit voltage mais subit des
chocs ou des brulures ou la mort si le voltage est trop fort.
La Terre étant reglée sur une échelle déterminée de
vibration frequentielle - si cette norme est dépassée
d'un coté ou de l'autre il en est exactement comme
je l'ai dit pour l'etre humain mais a l'échelle planetaire

---

viel tiefer als das des Raumschiffes ist und daraus ergibt sich eine gewisse „Zerstörung“ in der irdischen Umwelt, genau als würde ein Mensch der zwei elektrische Kabel hält, einen kleinen Stromstoß ohne Gefahr aushält, jedoch einen Schlag oder Verbrennungen oder sogar den Tod davonträgt, wenn die Spannung zu groß ist.

Die Erde ist auf einer vorherbestimmten Stufenleiter an Vibrationsfrequenzen reguliert. Wenn diese *[Wort unklar, evtl: Norm, Regel]* von der einen oder anderen Seite her überholt ist, dann ist es so wie ich es für ein menschliches Wesen beschrieben habe, aber auf der Planetaren Skala.

36 Composition du Grand Conseil Cosmique ~~Humanoïde~~

Création Humanoïde des 12 Univers

1°/ 1) 3èmes "Grands Patrons"

3) Chefs de Constellations

2) Chefs de Galaxies

4) Chefs de Systèmes (groupes solaires)

5) Chefs de Planètes

1° département

2e Départ[t]

2°/ Départements des Instructeurs Cosmiques

1/ Instructeurs des Galaxies

2/ – Constellations

3/ – Groupe de Systèmes Solaires

4/ – Système Solaire –

5/ – Planètes –

6/ – Humanités des Planètes

Différentes Créations Universelles Formelles –

Formes { 1°/ Humanoïdes

2°/ Animales –

3°/ Végétales – 4°/ Devoques –

Équipe de Techniciens et maintenance cosmique

Noms des Constellations en rapport avec les créations afférentes aux ~~êtres~~ qui les composent –

Zusammensetzung des großen
~~Humanioden~~ kosmischen Rates
<u>Menschliche Schöpfung</u>
der 12 Universen

1tens/
1) *[obendrüber: 3te]* Große „Chefs“→ Erste Abteilung

~~2)~~3) Leiter der Konstellation

~~3)~~2) Leiter der Galaxien

---

4) Leiter der Systeme (der Sonnen-Gruppe)
5) Leiter der Planeten →2te Abteilung

2tens Abteilung der kosmischen Ausbilder

1) Ausbilder der Galaxie
2) - der Konstellation
3) - der Gruppe der Sonnensysteme
4) - des Sonnensystems
5) - der Planeten
6) - der Menschheiten der Planeten

Unterschiedliche universelle Schöpfungen, Formalitäten

Formen: 1tens/Menschenwesen
2tens/Tiere
3tens/Planzen
4tens *[Zeile durchgestrichen]* Minerale

Technische Mannschaft
und kosmische Wartung
4tens *[Wort unklar]*

Namen der Konstellationen in Bezug auf die Schöpfer, die den Wesen erscheinen, die sie geschaffen hat.

Département des Créations ~~Non Forces~~
— des FORCES 51

DEVAS

Chef du FEU —
— AIR
— EAU
— ~~Pierre~~ (~~Matière~~ Matière dense (Minéral)

et — ETRES opérant la
Transformation de l'Energie Universelle
en différentes FORCES
n'ayant aucun rapport avec les différentes
créations Universelles. – on peut les
appeler Manipulateurs de l'Energie.
ne s'incarnant jamais dans quelques
création que ce soit – c'est un genre
de robot "clone" affectés exclusivement
à ce travail – Ils sont tous asexués et –
Créés par les Etres qui s'en servent –

5 Mondes formels
Règnes –

5 Etres Humains Spirituels
4 Animal Humain
3 Animal (plantes genre AUREO)
2 Végétal (XENUR.)
1 Désiques – et Minéral –

Abteilung der Erschaffung der ~~nicht-(Wort unlesbar)~~ der Kräfte

---

	Leiter des Feuers
(an der Seite:)	- der LUFT
DEVAS	- des WASSERS
	- der Steine Festkörper (Minerale)
	- der WESEN, die die Umwandlung der universellen Energie in unterschiedliche KRÄFTE ausführen.

Sie haben nichts mit den unterschiedlichen Schöpfungen im Universum zu tun, man kann sie die Manipulatoren der Energie nennen, die niemals in irgendeiner Art von Geschöpf inkarnieren. Es ist eine Art „geklonter" Roboter, der ausschließlich diese Arbeit ausführt. Sie sind alle geschlechtlos und wurden durch die Wesen geschaffen, die sich ihrer bedienen.

	5	~~1~~	spirituelle menschliche Wesen
5 formelle Welten	4	~~2~~	menschliches Tier
der Herrschaft	3	~~3~~	Tier (Planet des Typs AUREO)
	2	~~4~~	Pflanzlich (XENUR.)
	1	~~5~~	Devisch und Mineralisch

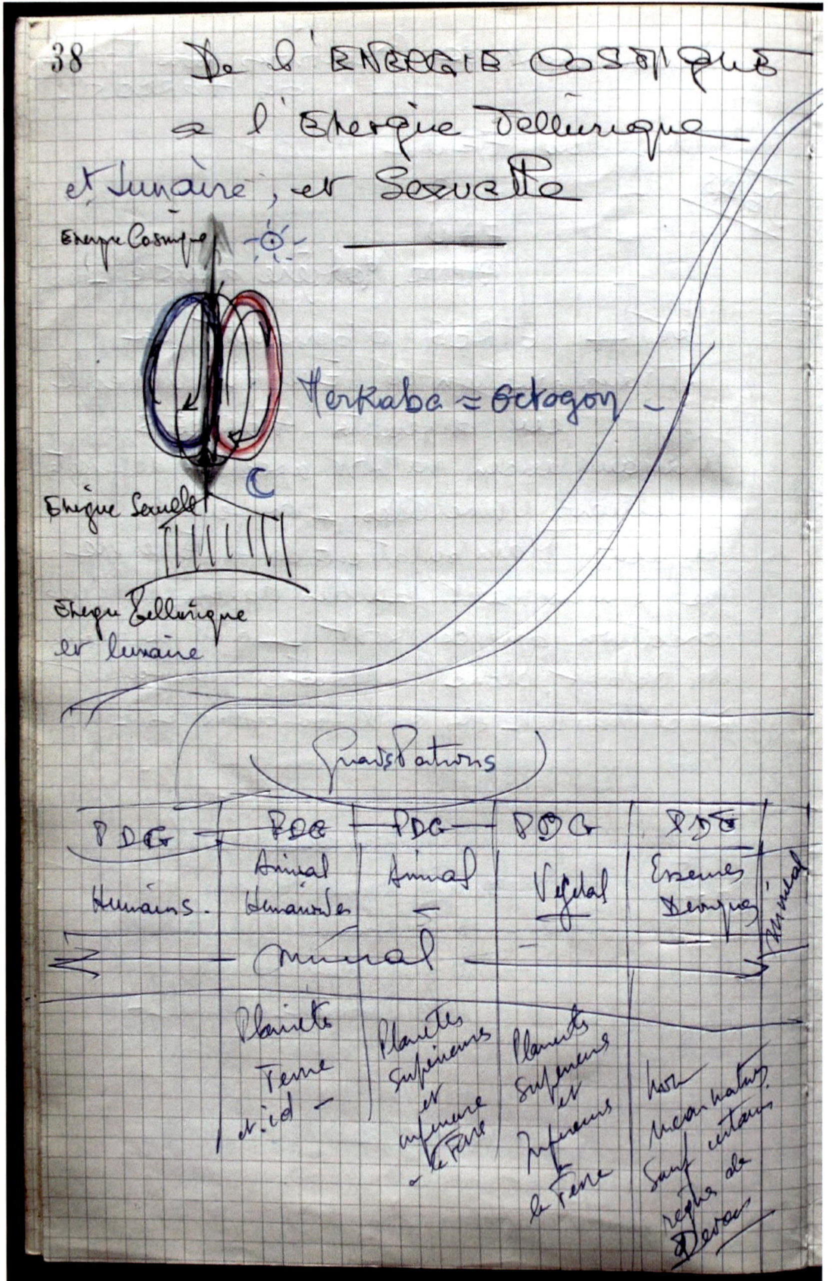
38
De l'ENERGIE COSMIQUE
à l'Energie Tellurique
et lunaire, et Sexuelle
Energie Cosmique
Merkaba = Octogon
Energie Sexuelle
Energie Tellurique
et lunaire
Grands Patrons
PDG
PDG
PDG
PDG
PDG
Humains.
Animal
Humanoïdes
Animal
Végétal
Essences
Devaïques
Minéral
Minéral
Planètes
Terre
etc. –
Planètes
supérieures
et
inférieure
à la Terre
Planètes
supérieures
et
inférieures
à
la Terre
non
incarnations
sauf certains
règnes de
Devas

Von der kosmischen Energie zur
Tellurischen und lunatischen und sexuellen Energie

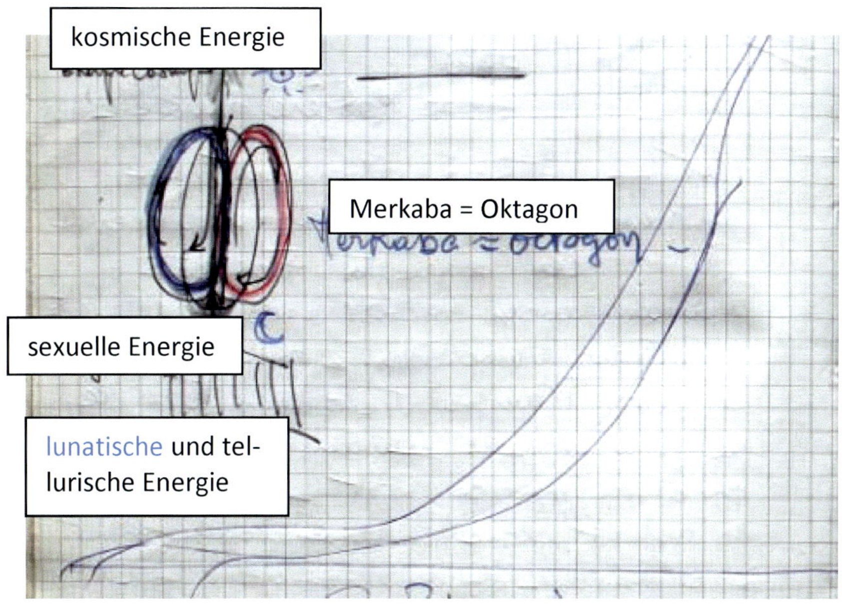

Große Chefs *[Mehrzahl nachträglich mit anderem Stift ergänzt]*

PDG	PDG	PDG	PDG	PDG
Menschlich	Tierisch, Humanoid	Tierisch --	Pflanzlich --	Devische Energie
(Pfeil)	Tierisch		*(Pfeil)*	*(Pfeil)*
	Erde *[Abkürzung n.id unklar]*	Planeten, die der Erde überlegen und unterlegen sind	Planeten, die der Erde überlegen und unterlegen sind	*[unklar: keine ??? Natur außer gewisse ??? Devas]*

[an der rechten Seite der Tabelle steht vermutlich: minimal/mineral]

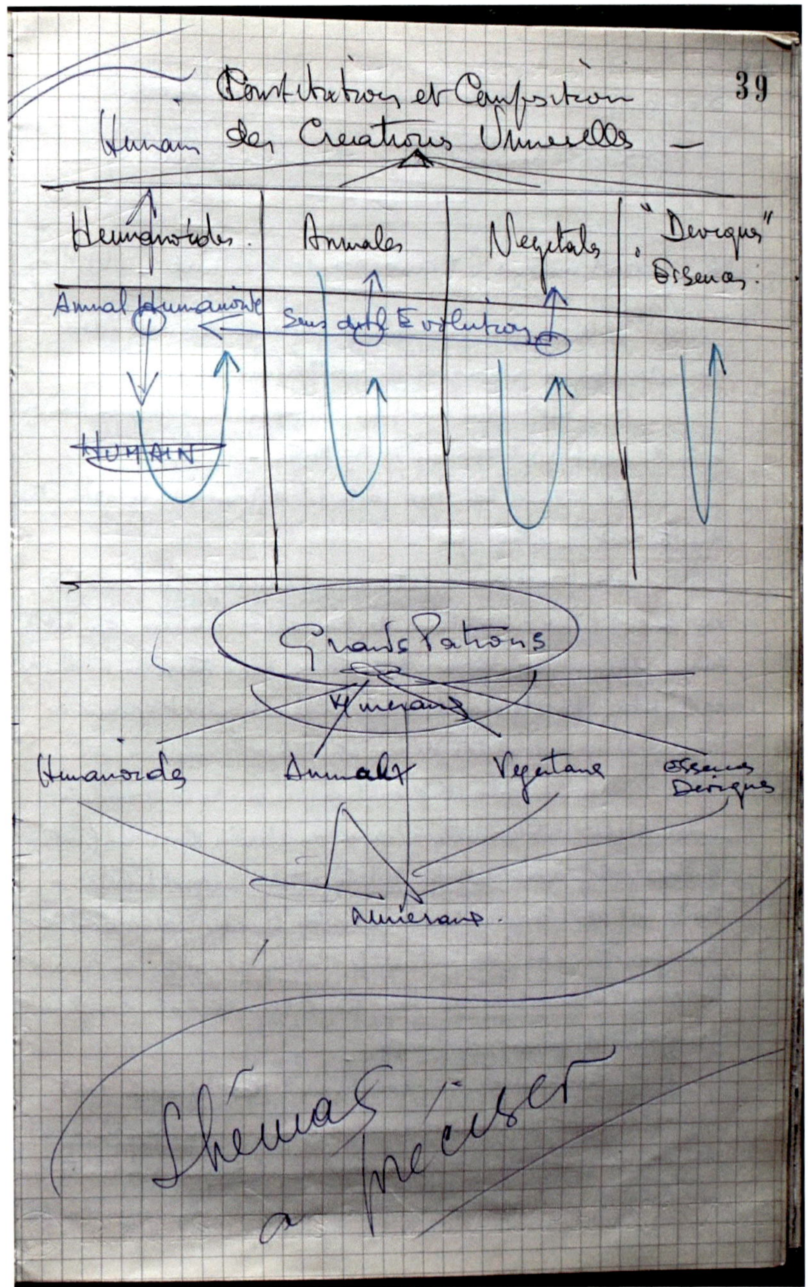
39
Constitution et Composition
HUMAIN
Grands Patrons
Humanoïdes
Schémas à préciser

Zusammensetzung und Bestandteile
[in blau:] menschlich der universellen Geschöpfe

Menschliche	Tierische	Pflanzliche	„hellseherisch" *[Das Wort devique konnte ich im Wörterbuch nicht finden, es scheint mir die Adjektivierung von devin = Hellsehen zu sein]* „Wesen/Geist"
menschliche Tiere ~~MENSCHLICH~~	Richtung der	Evolution	

Große Chefs

mineralisch

Menschlich Tierisch Pflanzlich Wesen hellseherisch

mineralisch

Das Schema muss noch präzisiert werden.

40

Notes sur les ordinateurs fonctionnant sur d'autres planètes –

A – ordinateurs "Mémoires de Titane" (UMMO)

Il n'est pas possible de faire un résumé des caractéristiques physiques de nos "ordinateurs"

On peut néanmoins faire ressortir les différences basiques entre les équipements terriens et les Nôtres –

En premier lieu vous faites la différence entre ordinateurs digitaux et analogiques –

Les processus de ~~faits~~ emmagasinent l'information en la codifiant en système de numération binaire, qui est mis en séquence sous forme de mots ou caractères qui se réduisent à des "bits". La structure des unités arithmétiques est dessinée de façon à réduire la complexité des circuits –

Sur vos ordinateurs analogiques une série de modules convenablement interconnectés et avec des circuits spéciaux (intégrateurs, différenciateurs etc..) interprètent un quelconque traitement de l'information en forme de fonction analogique mais projetée avec des potentiels électriques, ce qui en résumé se réduit à une série de fonctions sinusoïdales d'amplitude fréquence et phase différentes

Au point de vue fonctionnel Nos appareils sont simultanément digitaux et analogiques. Par exemple quand se pose un problème de géométrie analytique nos unités de sorties procurent aussi bien des résultats quantitatifs

Notizen zu den Computern auf anderen Planeten

A Computer: „Erinnerungen *des [Wort schwer zu lesen, ist ein Eigenname, Gitane?]*" (UMMO)

Es ist unmöglich, die physikalischen Eigenschaften unserer „Computer" zusammenzustellen.

Man kann jedoch die grundlegenden Unterschiede zwischen den irdischen Ausstattungen und Unseren herausarbeiten.

An erster Stelle ist zu nennen, dass Sie zwischen digitalen und analogen Computern unterscheiden.

Die Prozesse der Informationsspeicherung beruhen auf einer Codierung in ein System aus binärer Nummerierung, die als Abfolge Wörter oder Zeichen bilden, die zu „Bits" zusammengefasst werden. Die Struktur der arithmetischen Rechnung ist so entworfen, dass die Komplexität der Schaltkreise möglichst gering ist.

Auf Ihren analogen Computern interpretieren eine Reihe von Modulen, die ausreichend verknüpft sind und die spezielle Schaltkreise (Integratoren, Differenzierer) haben, eine beliebigen Behandlung der Information als analoge, aber mit Hilfe von elektrischen Potentialen übertragene analytische Funktion, woraus schließlich auf eine Reihe von Sinusfunktionen unterschiedlicher Amplitude, Frequenz und Phase entsteht.

Vom funktionellen Standpunkt her sind Ihre Apparate gleichzeitig digital und analog. Wenn zum Beispiel ein Problem der analytischen Geometrie zu lösen ist, verschaffen uns unsere Ausgabeeinheiten genauso gut quantitative, diskontinuierliche (digitale) Ergebnisse

descontinues (digitaux) [fournissant par exemple, en unité de superficie, l'aire d'une hyperbole de révolution) que le graphique de son équation et la visualisation en 3 dimensions de son image (opérations analogiques)

Bien entendu la sélection de l'équipement analogique qui intervient dans le traitement a été préprogrammée dans ce que vous appelez "routines" integrées dans une unité de memoires périphériques bien que le processus physique et les dénominations en constituent d'autres et par une opération de type digital en base 12 ces unités sont a leur tour répercutées dans le processus global -

B - Base opérationelle

Il est certain qu'en utilisant des valvules électroniques ou des transistors dans vos circuits, il vous faut alors un type de codification que vous appelez BOOLIANA du type TOUT-RIEN (<1-) ZERO-UN - Les unités arithmétiques travaillent avec un degré de rendement et de fiabilité que vous n'obtiendrez pas en employant votre système de base 10 -

Ainsi des opérations en système binaire comme

101 + 111 = 1100

↑(5) + (7)↑ = 12↑

peuvent nécessiter, si les chiffres sont élevés, un grand nombre de bits pour être exprimés

Nos unités modules pour les ordinateurs basés en réactions chimiques et nucléaires a echelle microphysique

(wenn man zum Beispiel die Fläche einer Umlaufbahn in Oberflächeneinheiten berechnen möchte) wie das Bild seiner Gleichung und die Visualisierung seines Bildes in drei Dimensionen (analoge Operationen). Wohlgemerkt wurde die Auswahl der analogen Ausrüstung, die in die Behandlung einfließt, in dem was Sie „Routinen“ nennen, vorprogrammiert und zwar integriert in peripheren Speichereinheiten obwohl der physikalische Prozess und die Benennungen *[?? Sinn des folgenden unklar]*, die ihn von anderen bilden und durch eine digitale Operation zur Basis 12 [umkästelt] werden die Einheiten ihrerseits auf/in den globalen Prozess zurückgeworfen.

B_operationelle Basis

Durch die Verwendung elektronischer Ventile oder Übergänge in ihren Schaltkreisen, brauchen Sie einen Kodierungsansatz den Sie BOOLEAN der Art ALLES-oder-NICHTS (>1-), NULL-EINS nennen. Die arithmethischen Einheiten arbeiten mit einem Wirkungsgrad und einem Verlässlichkeitsgrad, den Sie mit ihrem System zur Basis 10 nicht erreichen.

Ebenso könnendie Rechnungen im binären System wie

101 + 111 = 1100
Pfeil (5) + (7) Pfeil = 12 (Pfeil)

eine große Anzahl an Bits erfordern, wenn die Zahlen groß sind. Unsere modularen Einheiten für die Computer, die auf chemischen Reaktionen und Kernreaktionen auf der mikrophysikalischen Skala basieren,

42

et nos unités de mémoires ~~au~~ Titanes peuvent par contre opérer en base réelle 12. comme je vais essayer de le montrer

Circuits Ampli et Circuits de Calculs

Les dispositifs ampli de Voltage ou d'intensité terrestres sont basés sur les propriétés de l'émission cathodique par une électrode auxiliaire (grille) ou bien sur les caractéristiques du germanium ou silicium dont nous ne nous servons pas.

Il faut observer que de tels circuits n'amplifient pas l'énergie, de plus la puissance de sortie est toujours inférieure à celle de l'entrée (rendement inférieur à l'Unité) Ils amplifient seulement la tension aux dépens de l'énergie engendrée par une source énergétique auxiliaire (pile ou redresseur de courant alterné) –

Nos éléments d'amplificateurs nucléiques ont des caractéristiques totalement différentes.

— 1°) La base n'est pas électronique (ni de vide ou en état solido cristal) elle est nucléique (noyau de l'atome) une faible énergie d'entrée (neutrons ou protons unitaires tombant sur quelques atomes) provoquent par fusion de noyau une grande énergie.

— 2°) On voit donc que le rendement est nettement supérieur à l'Unité. A la sortie de l'ampli élémentaire ou fondamental nous obtenons cette énergie sous forme thermique et non électrique quoique dans un processus postérieur cette chaleur se transforme en énergie électrique

und unsere Speichereinheiten aus Titan, könnten im Gegensatz dazu auf der reellen Basis 12 operieren, wie ich es nachfolgend zu zeigen versuchen werde.

Verstärkerschaltkreise und Rechenschaltkreise

Die Vorrichtungen zur Verstärkung der Spannung oder der irdischen Intensität basieren auf den Eigenschaften der Kathodenemmission durch eine Elektrode oder auch auf den Eigenschaften von Germanium oder Silizium, derer wir uns nicht bedienen.

Man beobachtet, dass diese Schaltkreise die Energie nicht verstärken, denn die Ausgangsstärke ist immer kleiner als die Eigengasstärke (immer kleiner als Eins). Sie verstärken nur die Spannung auf Kosten der von einer Hilfs-Energiequelle aufgewendeten Energie (Batterie oder Wechselstromgleichrichter).

Unsere Kernverstärkerelemente haben völlig andere Charakteristika.

– 1. Die Basis ist nicht elektronisch (weder im Vakuum noch im kristallinen Festkörper) sie ist nuklear (Atomkern) eine schwache Eingangsenergie (unitäre Neutronen oder Protonen, die auf einige Atome treffen), die durch Kernfusion eine große Energie erzeugt.

– 2. Man sieht also, dass das Ergebnis größer als eins ist. Am Ende des elementaren Verstärkungsvorgangs – der mental ist, erhalten wir die Energie als thermische, nicht-elektrische Energie, obgleich diese Wärme in elektrische Energie umgewandelt wird.

43

3°/ La base de ces éléments étant purement atomique (seules quelques unités entrent en jeu au lieu de trillons d'atomes) le degré de miniaturisation est extraordinaire pouvant emmagasiner de très complexes circuits dans des volumes très réduits –

Dans les ordinateurs de planète terrestre des équipés appelés unités arithmétiques effectuent à grande vitesse des opérations élémentaires. (sommes soustractions etc..) en employant des modules transistorisés.

Nous, nous employons nos unités basées sur les réactions chimico nucléaires a l'échelle microphysique a la place de vos systèmes –

Pour cela nous employons quelques centaines de ces réactions basiques choisies spécifiquement pour que les nombres simples utilisés soient exprimés en système de base 12

Par exemple la codification de cette addition et la vérification correspondante

$$12 + 1 = 13$$

Se réalise au moyen de cette réaction (dans laquelle interviennent des micromasses parfaitement contrôlées et non pas des billons d'atomes comme si les masses en réaction étaient grandes)

$$C_6^{12} + H_1^1 = N_7^{13}$$

Le résultat de ~~cette opération~~ la réaction est analysé avec une précision extraordinaire et de nouveau codifié pour une opération (en séquence) ultérieure

– 3. Diese Recheneinheiten beruhen rein auf atomaren Grundelementen (nur wenige Einheiten von einigen Trillionen Atomen kommen ins Spiel) der Grad der Miniaturisierung ist bemerkenswert und die Einheiten können sehr komplexe Schaltkreise in sehr kleinen Volumina beinhalten.

Auf den irdischen, digitalen Computern können Gleichungen, sogenannte arithmethische Einheiten mit großer Geschwindigkeit der elementaren Operatoren (Summen, Subtrationen, etc...) unter Verwendung von Transistormodulen ausgeführt werden.

Wir dagegen verwenden Einheiten, die auf chemisch-nuklearen Reaktionen beruhen auf der Mikrophysikskala anstelle von euren Systemen.

Dafür verwendenwir einige hunderte an Basisreaktionen, die spieziell dafür ausgewählt wurden, damit die einzelnen Zahlen, die wir verwenden im System zur Basis 12 sind.

Zum Beispiel passiert die Codierung der nachfolgenden Addition und die entsprechende Überprüfung

$$12 + 1 = 13$$

mit Hilfe der Reaktion (in die perfekt kontrollierte Mikromassen eingehen und nicht Billionen von Atomen, wie wenn die Massen in der Reaktion groß wären)

$$C_6^{12} + H_1^{1} = N_7^{13}$$

Das Ergebnis ~~dieser Operation~~ dieser Reaktion wird mit einer außergewöhnlichen Präzision analysiert und erneut durch eine weitere Operation kodiert (und so fort) ...

44

La structure basique des Mémoires de Titanos

Les ordinateurs digitaux terrestres utilisent généralement une mémoire centrale de noyaux magnétiques de ferrite et diverses unités mémoires périphériques, de bandes magnétiques, disques, tambours ou baguettes avec une bande hélicoïdale.

Ces unités sont donc capables d'accumuler, codifiés magnétiquement, un nombre très limité de "bits" (quoique les chiffres soient de plusieurs millions).

Les temps d'accès sont par contre très acceptables.

Voyons maintenant d'une manière élémentaire la base technique de nos accumulateurs de données en Titanos –

Le problème se posa quand les antiques mémoires de type photoélectrique (grande superficie de Selenio dont les chiffres étaient mémorisés sous forme d'impulsions ~~électriques~~ lumineuses qui, projetées sur ces plaques étaient enregistrées sous forme de points chargés électrostatiquement.) furent insuffisantes (à cause du grand volume exigé pour leur positionnement) pour accumuler les milliers de Trillons de chiffres qu'elles exigeaient, des millions de "routines et données numériques d'un programme de Calcul. (Nous n'avons jamais utilisé une quelconque mémorisation magnétostatique)

On projeta pour la première fois de codifier microphysiquement (ni optiques ni magnétiques) les données numériques ou caractères avec une base quantique

Die irdischen digitalen Computer verwenden im Allgemeinen einen Zentralspeicher aus ferromagnetischen Kernen und verschiedene periphere Speichereinheiten, Magnetbänder, [Adjektiv unlesbar] Scheiben oder Stäbe mit einer spiralförmigen Spur.
Die Einheiten sind folglich in der Lage eine sehr begrenzte Zahl an „Bits" (in der Größenordnung von mehreren Milllionen Ziffern) anzusammeln, zu speichern und magnetisch zu kodieren.
Die Zugriffszeiten sind dagegen sehr akzeptabel.
Schauen wir uns nun auf elementare Weise die technische Grundlage unserere Datensammeler aus Titan an.

Das Problem stellt sich, wenn die antiken Erinnerungen des photoelektrischen Typs (Große *[Wort unklar: Selen- ?]* Oberfläche, auf denen die Ziffern als ~~elektrische~~ Lichtimpulse gespeichert wurden, die, nachdem sie auf diese Platten projiziert wurden, als elektrostatisch veränderte Punkte gespeichert wurden.) unzureichend wurden (aufgrund des großen Volumen, das zu ihrer Aufbewahrung benötigt wurde) um Millionen von Trillionen von Zahlen anzusammeln, Millionen von „Routinen *[oberes Anführungszeichen fehlt]* und numerischen Daten eines Rechenprogramms auszuführen. (Wir haben niemals eine irgendwie geartete magnetostatische Speicherung verwendet.)

Man plante zum ersten Mal die nummerischen Daten oder Zeichen mikrophysikalisch zu kodieren (nicht optisch, nicht magnetisch) auf der Basis von Quanten.

45

Nous savons que l'écorce électronique d'un atome peut exister pendant que les électrons atteignent différents niveaux energetiques appelés "quantiques" sur la Terre.

Le passage d'un état a un autre est réalisé par libération ou absorption d'énergie quantifiée qui possède une fréquence caracteristique. Ainsi un électron d'un atome de Titane peut changer d'état dans l'écorce en libérant un photon mais dans l'atome de Titane, comme dans d'autres éléments chimiques, les électrons peuvent passer par differents états en emettant divers types de photons ou "cuantums" de diverses fréquences. Vous appelez ce phenomène "Spectre d'emission caracteristique de cet element chimique" ce qui permet de l'identifier par mesure spectroscopique.

Ainsi si nous réussissons a alterer a volonté l'état quantique de cette écorce électronique du Titane nous pouvons le convertir en porteur, stockeur ou accumulateur d'un message elementaire: un NOMBRE.

Si l'atome est susceptible par exemple d'atteindre 12 (ou davantage) états, chacun de ces niveaux symbolisera ou codifiera un chiffre du (> au ≥) zero a DOUZE

De plus une simple pastille de titane comprend des billons d'atomes. Nous pouvons donc imaginer l'information codifiée qu'elle sera capable d'accumuler

Aucune autre base macrophysique de MEMOIRE ne peut lui être comparée.

Les blocs de titane utilisés doivent

Wir wissen dass die Elektronenhülle eines Atoms existieren kann, während die Elektronen verschiedene energetische Niveaus erklimmen, die auf der Erde die „Quantenniveaus“ genannt werden.
Der Übergang von einem Zustand in den anderen geschieht durch die Abgabe oder die Aufnahme von gequantelter Energie, die eine charakteristische Frequenz besitzt. Genauso kann auch ein Titanatom den Zustand in der Hülle ändern, indem es ein Photon abgibt, aber im Titanatom, wie in anderen chemischen Elementen, können die Elektronen zwischen verschiedenen Zuständen wechseln, indem sie verschiedene Typen von Photonen oder „cuanten“ *[nicht Quanten]* verschiedener Frequenzen aussenden. Wir nennen dieses Phänomen das „charakteristische Emissionsspektrum dieses chemischen Elements.“ Damit lässt sich das Element durch eine spektroskopische Messung identifizieren.

Wenn es uns gelingt den Quantenzustand der Elektronenhülle des Titans willkürlich zu ändern, können wir es in einen Ladungsträger, einen Lagerungszustand oder einen Akkumulationszustand umwandeln mit einer elementaren Nachricht: eine Zahl.

Wenn das Atom zum Beispiel 12 (oder noch mehr) verschiedene Zustände einnehmen kann, dann repräsentiert oder <u>kodiert</u> jedes dieser Niveaus eine Zahl von (> oder ≥) Null bis 12.

Darüber hinaus enthält ein kleiner Titanchip Billionen von Atomen. Wir können uns also die kodierte Information vorstellen, die dieser Chip speichern kann.

Keine andere makrophysikalische „Speicherbasis“ kann vergleichbares leisten.

Die verwendeten Titanstücke müssen

46 représenter une structure cristalline parfaite et un degré de pureté chimique de rendement 100%

Il suffirait qu'il y ait certains atomes d'impureté (fer, molybdène silicium etc..) pour que le bloc soit inutilisable -

Vous direz vous demander comment on peut avoir accès à ces atomes 1 par 1 pour les codifier en les excitant ou pour extraire l'information accumulée (décodification)

C'est très simple! -

Sur un bloc de titane tombent 3 faisceaux, de section infinitésimale et de fréquence très élevée (capables de traverser le bloc sans affecter les noyaux de ses atomes (en affectant par contre les écorces électroniques respectives) on utilise par exemple des fréquences de l'ordre de 8.35.10²¹ cycles seconde et différentes pour chaque faisceau xyz sont les générateurs de fréquence -

Ces fréquences très élevées tombent en dehors du spectre caractéristique du Titane car ces faisceaux considérés indépendamment ne sont pas capables d'exciter un par un ses électrons corticaux -

Mais cela ne se passe pas ainsi quand les 3 rayons tombent simultanément sur un atome spécifique. Alors la superposition ou mélange des trois fréquences provoque un effet que vous connaissez depuis longtemps appelé "battage" ou "hétérodyne" et qui donne pour résultat une fréquence beaucoup plus basse qui coïncide avec n'importe quelle raie spectrale du Titane.

eine perfekte Kristallstruktur aufweisen und einen Grad an chemischer Reinheit von genau 100 %.

Einige wenige Verunreinigungsatime (Eisen, Molybden, Silicium etc...) reichen aus, um das Stück unbenutzbar zu machen.
Sie werden sich fragen, wie man Zugriff auf jedes Einzelne der Atome haben kann, um sie anzuregen und ihre Codierung festzulegen oder um die gespeicherte Information abzurufen (Entschlüsselung).

Das ist sehr einfach.
Auf ein Titanstück fallen drei Strahlenbündel mit infinitesimalem Querschnitt und sehr hoher Frequenz ein (die den freien Raum durchqueren können ohne die Atomkerne zu beeinflussen *[keine Klammer zu]* (indem sie stattdessen die jeweiligen Elektronenhüllen beeinflussen.). Man verwendet zum Beispiel Frequenzen der Größe $8.35x10^{21}$ Zyklen pro Sekunde und die Frequenzgeneratoren sind für jeden Strahl [oben eingefügt: x,y,z] unterschiedlich.

Die sehr hohen Frequenzen sind außerhalb des charakteristischen Spektrums von Titan, denn die als unabhängig angesehenen Frequenzen sind nicht in der Lage die Hüllelektronen einzeln anzuregen. -

Aber wenn drei Strahlen gleichzeitig auf ein „spezifisches" Atom fallen, dann passiert etwas anderes. Die Superposition oder Mischung der frei Frequenzen ruft einen Effekt hervor, den Sie schon lange kennen und der als „Überlagerungseffekt" oder „heterodyn" bezeichnet wird und der eine viel geringere Frequenz zum Ergebnis hat, die mit jeder beliebigen Spektrallinie des Titans übereinstimmen kann.

47

L'atome est donc excité et comme les 3 faisceaux orthogonaux peuvent se déplacer dans l'espace avec une grande précision, ils localisent tous les atomes du bloc 1 par 1 –

Le processus décodificateur qui oblige l'écorce électronique à revenir à son état quantique initial se réalise de manière inverse

Dans la pratique on utilise pour chaque atome de Titane seulement 10 états quantiques ce qui signifie que pour chaque chiffre codifié quantiquement (base 12) nous devons exciter non pas 1 mais 2 atomes (10 + 2)

Comme une fois codifié l'atome est revenu à son état initial, à l'inverse d'un noyau toroïdal de ferrite qui donne son information (sans perdre son excitation magnétique) un nombre indéfini de fois –

Chaque chiffre codifié se répète des centaines de milliers de fois pour posséder une accumulation suffisante d'information –

Il est très important que les atomes possèdent une grande stabilité spaciale dans le Cristal de Titane, car une quelconque oscillation thermique rendrait impossible sa localisation par les 3 faisceaux de haute fréquence. Le cristal de Titane travaille à température égale au zéro absolu –

Entrées et Sorties dans nos cerveaux électroniques

Dans vos ordinateurs vous utilisez divers codes de programmation ou langages intelligibles par des

Das Atom wird also angeregt und da die drei orthogonalen Strahlen mit großer Präzision im Raum positioniert werden können, können sie die Atome des Titanstücks einzeln lokalisieren.
Der Prozess des Auslesens, der es erfordert, dass die Elektronenhülle in ihreren initialen Quantenzustand zurückkehrt, geschieht auf umgekehrte Weise.

In der Praxis verwendet man für jedes Titanatom nur 10 Quantenzustände, das heißt, dass wir für jede quantitativ dargestellte Ziffer (zur Basis 12) nicht 1, sondern 2 Atome anregen müssen (10 + 2).

Einmal kodiert kehrt das Atom in seinen Ausgangszustand unter Umkehr eines toroidalen Ferrit-Kerns zurück, der seine Information (ohne seine magnetische Anregung zu verlieren) unendlich oft zur Verfügung stellt.

Jede kodierte Zahl wiederholt sich hunderte Millionen mal um signifikante Ansammlungen von Informationen zu erhalten.

Es ist sehr wichtig, dass die Atome eine große räumliche Stabilität in dem Titan-Kristall aufweisen, denn jedwede thermische Oszillation machte die Lokalisation durch die drei Strahlenbündel hoher Frequenz unmöglich. Der Titankristall arbeitet bei am absoluten Temperaturnullpunkt.

<u>Dateneingang und Ausgang in unsere elektronischen Gehirne</u>

Auf Ihren Computer verwenden Sie verschiedene Programmcodes oder allgemeinverständliche Sprachen mit

48 équipements hétérogènes. Ainsi vous avez envisagé des langages machines comme le Fortran COBOL, PAF ALGOL. PROLOG. UNCOL ... etc ...

Vous introduisez cette information codifiée au sein de l'ordinateur au moyen de carte, bande perforée magnétique ou lecture optique et magnétique de caractère typographique –

D'autre part les résultats aux résolutions du problème sont obtenus dans les ordinateurs digitaux ou analogiques par divers équipements de sortie (oscillographe de rayon catho. inscripteurs typo, perforateurs de bandes ou traceurs de courbes)

Nos ordinateurs eux absorbent directement les données du problème et sa rédaction de l'exposé. (il faut que ce dernier soit toujours très bien formulé) en langage standard et fourni en caractère typo ou phonétiquement

Une préprogrammation complexe accumulée dans l'ordinateur ou bien dès la fabrication de l'équipement, interprète les éléments logiques de l'exposé, absorbe les données standardisées et en cas de doute l'expose grâce à l'équipement des sorties des données.

L'obtention des résultats est obtenue par 3 types de visualisateurs d'images :

1°) les imprimeurs (typo. ligne et même digravée, polychrome ou blanc et noir)

2°) Visualisateurs numériques (simples compteurs de base 12).

3°) Visualisateurs Tridimensionnels et plus (si besoin) d'images –

Ces ordinateurs au Titane (Cristane) fonctionn

heterogener Ausstattung. Weiterhin verwenden Sie Maschinensprachen wie Fortran, CBOL, PAF [Komma fehlt, Recherche notwendig heißt die Sprache PAF ALGOL?] ALGOL, PROLOG, UNCOL, etc...

Sie führen die Informationen, die im Innersten des Computers codiert sind, mit Hilfe von Karten, magnetischen Lochbändern oder optischer und magnetischer Auslesung von typographischen Buchstaben ein.

Im Übrigen werden die Ergebnisse der Problemlösung mit den digitalen oder analogen Computer mit Hilfe verschiedener Ausgangsgeräte (Kathodenstrahloszilloskop, Schrift- *[Wort unleserlich]*, Lochkartenschreiber, Kurvenschreiber) erhalten.

Unsere Computer hingegen lesen direkt die Daten der Fragestellung und die - in Standardsprache und als geschriebene oder phonetische Zeichen gelieferte -Ausarbeitung des Exposes (der letztere muss immer sehr gut formuliert sein) ein.

Eine komplexe Vorprogrammierung, die entweder im Computer gespeichert ist oder aus der Herstellung der Ausrüstung stammt, interpretiert die logischen Elemente des Exposes, liest die standardisierten Daten ein und falls es Zweifel gibt werden sie der Ausrüstung am Ausgang der Daten ausgesetzt.

Die Ergebnisse werden durch drei Arten der Visualisierung erhalten.

1. Drucker (Schriftsatz, Linie und gegradierte Mine *[??? Wörter unleserlich]* in Farbe oder schwarz-weiß)
2. Numerische Visualisierung (einfache Zähler zur Basis 12)
3. Drei- und wenn (falls nötig) höher dimensionale Visualisierung von Bildern

Die (kristallinen) Titankomputer *[Wort unleserlich, funktionieren?]*

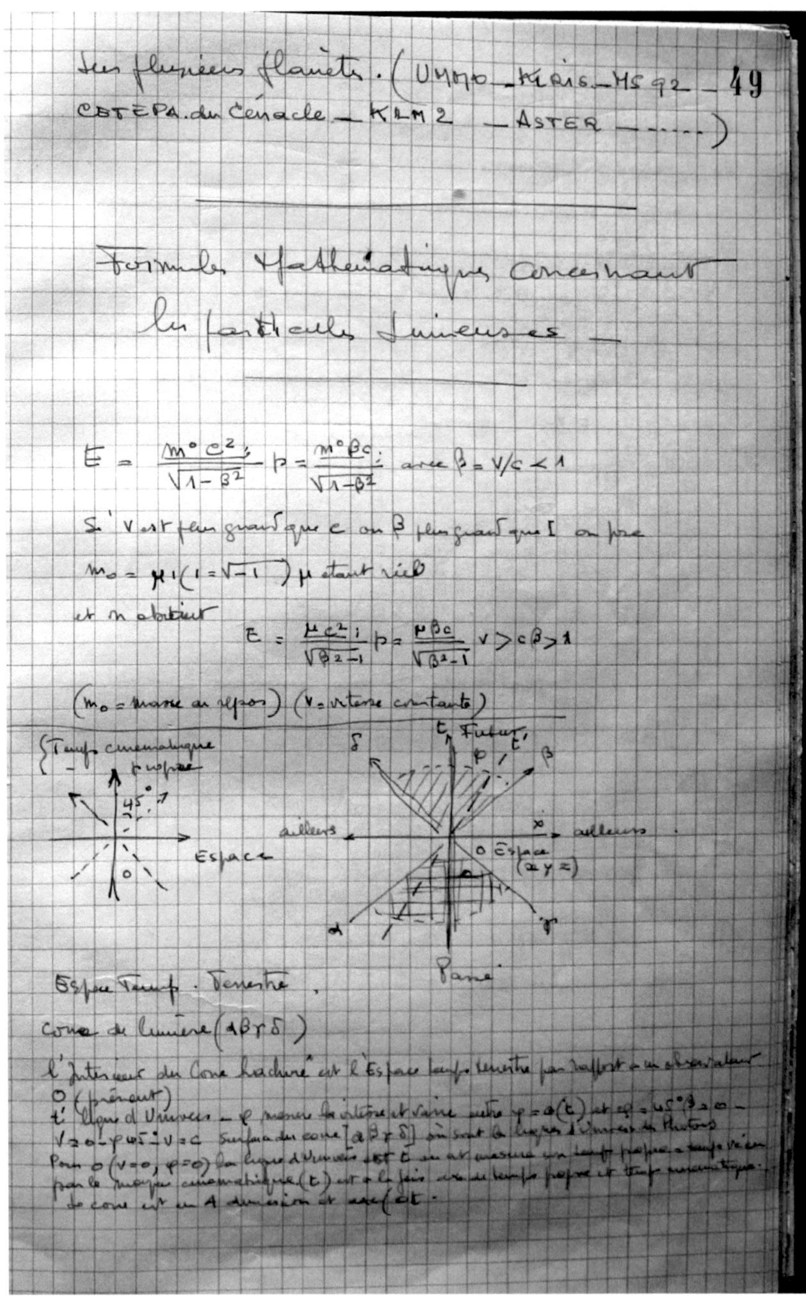

Sur plusieurs planètes. (UMMO _ KLAIS _ MS 92 _ 49
CBTEPA. du Cénacle _ KLM 2 _ ASTER _ .....)

Formules Mathématiques concernant
les particules lumineuses _

$$E = \frac{m^{\circ} c^2}{\sqrt{1-\beta^2}}; \quad p = \frac{m^{\circ} \beta c}{\sqrt{1-\beta^2}}; \quad \text{avec } \beta = V/c < 1$$

Si V est plus grand que c ou β plus grand que 1 on pose
$m_0 = \mu i$ ($i = \sqrt{-1}$) μ étant réel
et on obtient

$$E = \frac{\mu c^2 i}{\sqrt{\beta^2-1}} \quad p = \frac{\mu \beta c}{\sqrt{\beta^2-1}} \quad v > c \; \beta > 1$$

(m_0 = masse au repos) (v = vitesse constante)

Espace Temps. Terrestre.
Cone de lumière (αβγδ)
l'intérieur du Cone hachuré est l'Espace temps terrestre par rapport à un observateur
O (présent)
[illegible]

auf mehreren Planeten (UMMO_K1R1S_MSq2 *[MS92?]* _ CETEPA/CETEDA des Kreises_KLM2, ASTER_...) *[Namen der Planeten unsicher]*

Mathematische Formel zu den Leuchtpartikeln

$E = \frac{m^\circ c^2}{\sqrt{1-\beta^2}}; \quad p = \frac{m^\circ \beta c}{\sqrt{1-\beta^2}};$ mit β = v/c<1

Wenn V größer als c ist oder β größer als 1, setzt man m0 = µ1($1 = \sqrt{-1}$), µ ist reell

und man erhält $E = \frac{\mu c^2}{\sqrt{\beta^2-1}}; \quad p = \frac{\mu \beta c}{\sqrt{\beta^2-1}}$ v > cβ > Λ *[? Oder 1?]*

(m0 = Ruhemasse) (v = konstante Geschwindigkeit)

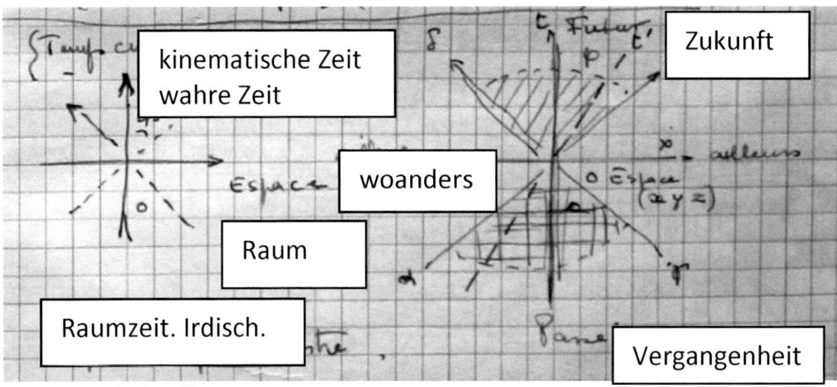

Lichtkegel (α β γ δ)
Das Innere des schraffierten Konus ist die irdische Raumzeit für einen Beobachter O (Gegenwart).
t' ist die Gerade des Universums_ ϕ misst die Geschwindigkeit und variiert zwischen ϕ=0 und ϕ=45° *[Zeichen unleseserlich, omega? = Unendlichzeichen?]* V=0-ϕ45°-V=c *[unsicher, ob es Minuszeichen oder Unterstriche sind]* Die Fläche des Konus (α β γ δ), worin die Linien des Universums der Photonen sind *[Bedeutung unklar]*
Für 0 (V=0, phi=0) ist die Linie des Universums t' oder at? *[der ganze Abschnitt ist schwer lesbar, irgendwie unscharf...]* misst die Eigenzeit/wirkliche Zeit= Zeit vc' en [unklar] mittels des kinematischen Mittels. (t) ist gleichzeitig die Achse der Eigenzeit und der kinematischen Zeit. Der Konus ist in A/4 dimensional und Achse(ot. *[Klammer Zu fehlt.]*

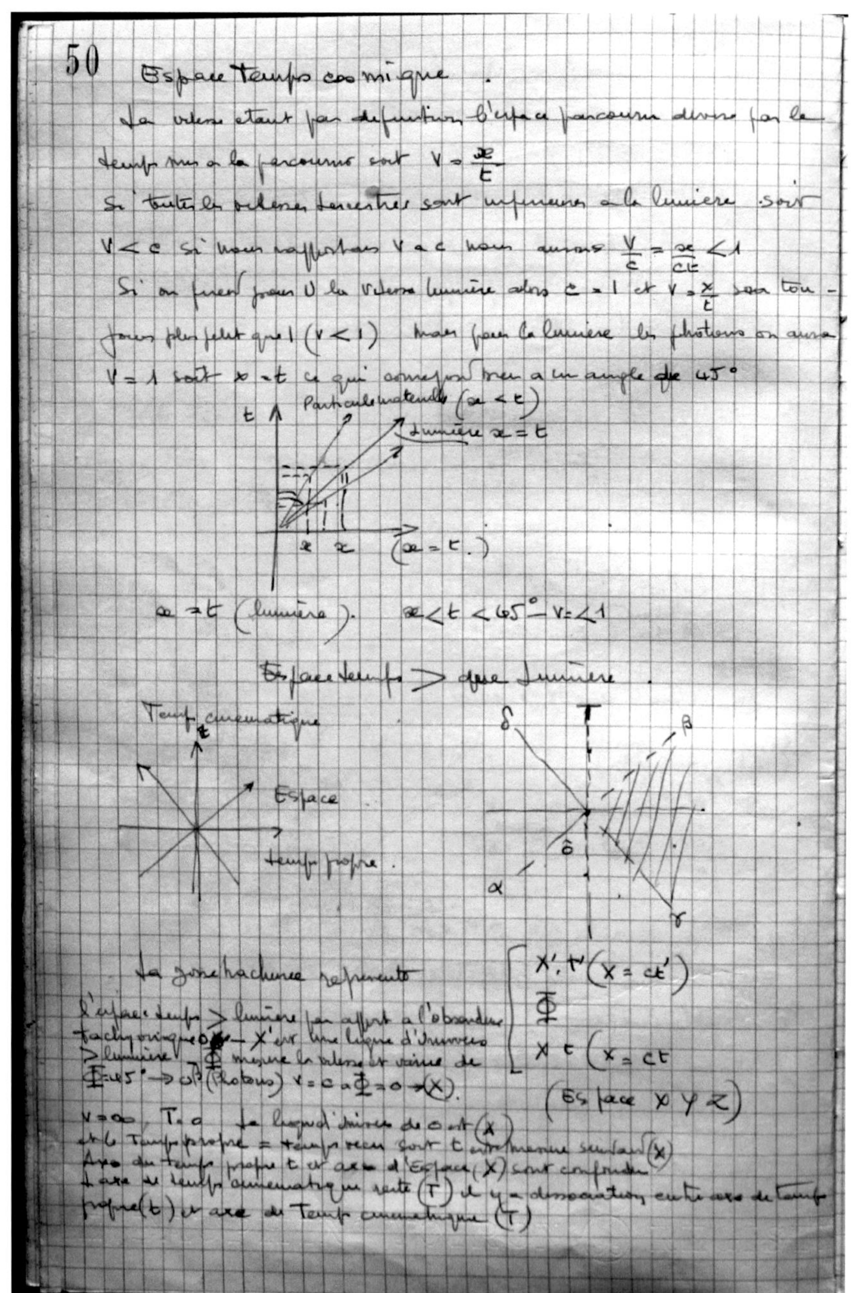

50 Espace Temps cosmique.

La vitesse étant par définition l'espace parcouru divisé par le temps mis à la parcourir soit $V = \frac{x}{t}$

Si toutes les vitesses terrestres sont inférieures à la lumière soit $V < c$ si nous rapportons V à c nous aurons $\frac{V}{c} = \frac{x}{ct} < 1$

Si on prend pour U la vitesse lumière alors $c = 1$ et $V = \frac{x}{t}$ sera toujours plus petit que 1 $(V < 1)$ mais pour la lumière les photons on aura $V = 1$ soit $x = t$ ce qui correspond bien à un angle de 45°

$x = t$ (lumière). $x < t < 45°$ $V < 1$

Espace temps > que Lumière.

La zone hachurée représente l'espace temps > lumière par rapport à l'observateur tachyonique O — X' est une ligne d'univers > lumière Φ mesure la vitesse et varie de Φ = 45° → 0° (photons) $V = c$ à $\Phi = 0$ → (X).

$V = \infty$ T = 0 la ligne d'univers de O est (X) et le Temps propre = temps reçu soit t est même suivant (X) Axe du temps propre t et axe d'Espace (X) sont confondus l'axe de temps cinématique reste (T) il y a dissociation entre axe de temps propre (t) et axe de Temps cinématique (T)

X', t' (X = ct')
Φ
X t (X = ct
(Espace X Y Z)

Kosmische Raumzeit

Die Geschwindigkeit ist per Definition der durchlaufene Raum geteilt durch die Zeit für das Durchlaufen also $v=x/t$

Wenn alle irdischen Geschwindigkeiten kleiner als die Lichtgeschwindigkeit sind $v<c$ und wenn wir v mit c verknüpfen haben wir $v/c=x/ct>1$.

Wenn man für U die Lichtgeschwindigkeit nimmt, also $c=1$ dann ist $v=x/t$ immer *[Wort unleserlich: größer?]* 1 ($v<1$), aber für das Licht, die Photonen, hat man $v=1$, wenn $x=t$ was genau einem Winkel von 45° entspricht.

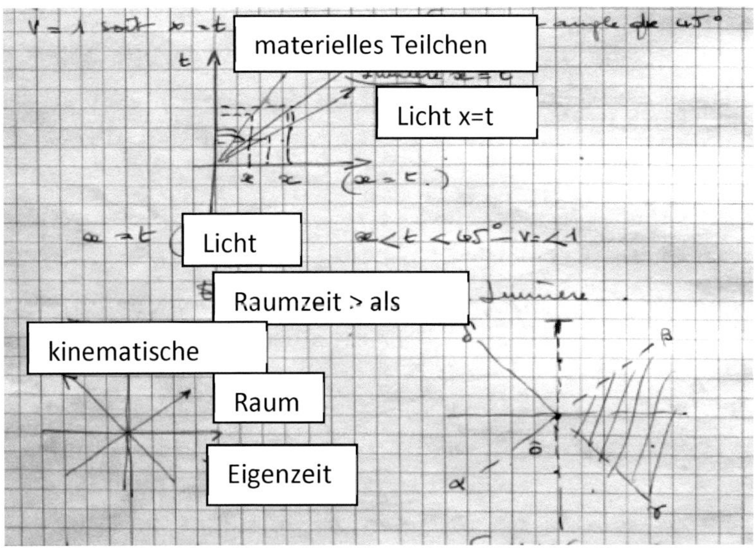

Die schraffierte Zone stellt den Bereich dar, in dem für einen Beobachter die Raumzeit > als das Licht ist 0 _X' ist eine Universumslinie > als die Lichtgeschwindigkeit_ Φ misst die Geschwindigkeit und *[???]* von $\Phi=45°$ -> 0ß (Photonen $v=c$ a $\Phi=$ 0->X).

[an der Seite:] X', t (x=ct') PHI, X t (x=ct) (Raum xyz)

v=unendlich, T=0 die Universumslinie von 0 ist (x) und die Eigenzeit = erhaltene Zeit wenn t das Maß nach (X) ist,

A_y, die Achse der Eigenzeit t und ax die Achse des Raumes(X) sind vertauscht.

Die kinematische Zeitachse *[Wort unleserlich]* (T) gibt es Trennungen zwischen der Eigenzeitachse (t) und der kinetischen Zeitachse (T)

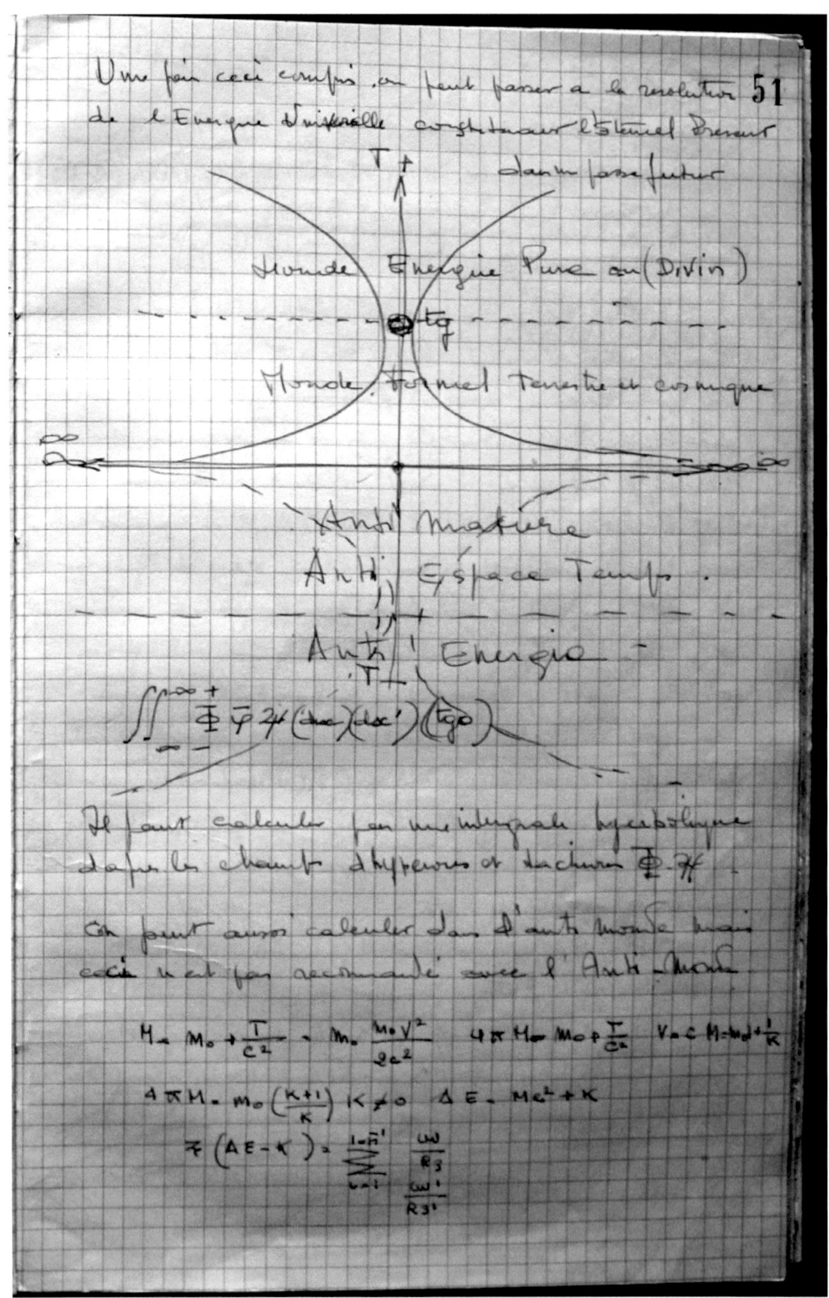

Une fois ceci compris, on peut passer à la resolution 51
de l'Energie Universelle constituant l'Eternel Present
dans un passé futur

$$\iint_{-}^{\infty +} \Phi \, \bar{\varphi} \, \mathcal{H} (dx)(dx')(tg_0)$$

Il faut calculer par une integrale hyperbolique
d'après les champs d'hypernovas et des chimera Φ-ℋ.

On peut aussi calculer dans d'autre monde mais
ceci n'est pas recommandé avec l'Anti-Monde

$$M = M_0 + \frac{T}{C^2} = M_0 \frac{M_0 V^2}{2c^2} \qquad 4\pi M = M_0 + \frac{T}{C^2} \qquad V = C \; M = M_0 + \frac{1}{K}$$

$$4\pi M = m_0 \left(\frac{K+1}{K}\right) \quad K \neq 0 \qquad \Delta E = Mc^2 + K$$

$$\mathcal{F}(\Delta E - K) = \sum_{\nu=1}^{1-\bar{n}'} \frac{\frac{\omega}{R_3}}{\frac{\omega'}{R_3'}}$$

Ist das einmal verstanden, können wir zu der Universellen Energie weitergehen, die die Gegenwart Gottes in einer zukünftigen Vergangenheit *[unsicher ob es das heißen soll]* ausmacht.

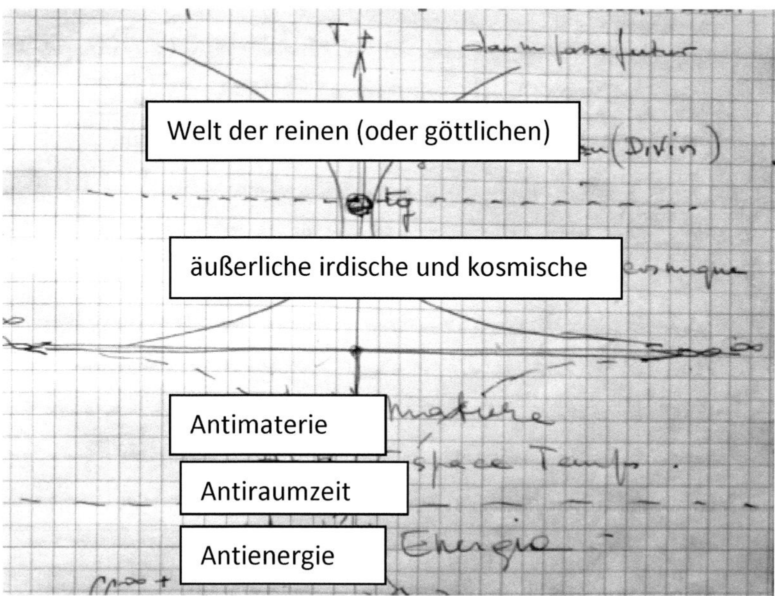

$$\iint_{-\infty}^{+\infty} \Phi \, \varphi \, \mathcal{H} (dx)(dx')(tg_0)$$

Man muss das Feld der Hyperonen und Tachionen PHI und H*[??]* mit einem hyperbolischen [adjektiv unleserlich] Integral ausrechnen
Man kann auch in anderen Welten rechnen, aber das ist nicht mit der Anti-Welt zu empfehlen.

$$M = M_0 + \frac{T}{c^2} = M_0 \frac{M_0 v^2}{2c^2} \qquad 4\pi M = M_0 + \frac{T}{c^2} \qquad V = c \quad M = M_0 + \frac{1}{K}$$

$$4\pi M = M_0 \left(\frac{K+1}{K}\right) \quad K \neq 0 \qquad \Delta E = Mc^2 + K$$

$$\mp (\Delta E - K) = \sum_{n=1}^{1=n'} \frac{\frac{\omega}{R_3}}{\frac{\omega'}{R_{3'}}}$$

52 Science sans Conscience n'est que ruine de l'Âme (Boileau)

Informations sur le danger nucléaire que fait courir les Terriens non seulement à la planète Terre mais aussi aux Mondes invisibles des Mondes parallèles et ultra dimensionnels se situant ~~autres dimensions~~ entre la 3ème et la 4ème en particulier

Début

Lorsque les Terriens ont retrouvé la puissance nucléaire grâce à certaines incarnations de savants atlantéens entre autres une surveillance accrue ~~s'est forcée~~ de la planète Terre ~~s'est forcée~~ fut rendue obligatoire après ~~de~~ décision du Conseil Galactique. Des accidents regrettables graves s'étant déjà produits dans le passé : dans ce système solaire la ceinture d'astéroïdes se trouvant entre Mars et Jupiter qui est le résultat de l'explosion de la planète qui existait alors jusqu'à ce que ses habitants retrouvent la force nucléaire et s'en servent dans un but non louable pour dominer et asservir leurs semblables. La seule différence avec la découverte des Terriens est que l'Energie retrouvée est extérieure c'est à dire provenant de la désintégration d'un objet, d'un élément physique et non de la force nucléaire Universelle qui est en Nous dans les différents plans de la constitution de l'Etre.

On sait que dans chaque plan Physique Astral Mental se trouve un sous plan qui est l'atome permanent du plan et ces atomes sont donc reliés entre eux de sorte que sur le plan cosmique vibratoire tout ce qui se trouve dans les mondes invisibles dépendant de ces sous vibrations qui sont leur physique dense.

Wissenschaft ohne Bewusstsein ist wie *[Wort unleserlich]* der Seele
(Borleau) [Pfeil]

Informationen über die nukleare Gefahr, die die Erdenbürger nicht nur auf dem Planeten Erde sondern auch in den unsichtbaren Welten umgibt. Die Parrallel- und ultradimensionellen Welten, die sich ~~andere Dimensionen~~ speziell zwischen der 3ten und der 4ten befinden.
[an der Seite] Zu Beginn
Wenn die Erdenbürger die Nuklearmacht dank der Inkarnation einiger unter anderem atlantischer Wissenschaftler wiedererlangt haben, wird gemäß der Entscheidung des galaktischen Rates eine gesteigerte Überwachung des Planeten Erde erforderlich werden.
Bedauerliche schwere Unfälle haben sich bereits in der Vergangenheit ereignet: Der Asteriodengürtel, der sich in diesem Sonnensystem zwischen Mars und Jupiter befindet, ist die Folge der Explosion eines Planeten, der dort solange exstierte, bis seine Bewohner die Kernkraft fanden und sich ihrer mit dem wenig rühmlichen Zweck bedienten, die ihresgleichen zu dominieren und umzubringen. Der einzige Unterschied mit der (dazugefügt: Wieder-) entdeckung durch die Erdenbürger ist, dass die wiedergefundene Energie eine äußere ist, d.h. dass sie von dem Zerfall eines physischen Objekts oder eines Elements stammt und nicht von der universellen Kernkraft, die in uns, in *den [Adjektiv unleserlich: unterschiedlichen?]* Konstitutionsplänen der Wesen steckt.
Man weiß, dass sich in jedem physischen, astralen, mentalen Plan ein Unterplan verbirgt, der der permanente Grundbaustein des Plans ist und diese Grundbausteine sind alle untereinander in der Art verbunden, dass auf dem *[Wort unleserlich]* Plan *[Rest des Satzes unleserlich]*.
Alles was sich in den unsichtbaren Welten befindet, hängt von diesen Unterschwingungen ab, die ihre feste physikalische Form ausmachen.

Fait en Espagne à la Cava _ Sept 92 (1/15)

53

Prévision sur les Evénements Cataclysmiques qui vont se dérouler sur la Planète et explication des effets nucléaires (A) X (D) sur les corps mortels et sur l'Âme

Lorsque les tremblements de terre majeurs ébranleront la Californie l'état ne s'affaissera pas complètement tout de suite, mais un autre tremblement de terre majeur verra s'écrouler la faille du Mississipi. Ce tremblement de Terre du Midwest sera un avertissement et dans les 12 heures suivantes un second T.d.T dévastateur brisera le continent. Après cela surviendront les poussées majeures tout autour du globe – Los Angeles. New York. et surtout la Méditerranée (Italie Grèce Afrique Nord. L'activité des Taches Solaires sera la cause d'une chaleur intense, de maladie et de folie. Ne pas s'exposer au soleil à ce moment là. Ces taches vont faire moduler l'axe terrestre davantage ce qui provoquera des changements climatiques plus violents que maintenant –

1 L'orbite des planètes et du Système solaire se modifient à cause des Energies supérieures envoyées dans le Système Solaire (entre autres par ORION et SIRIUS Pléiades –) et une haute radiation cosmique fait s'entrechoquer les

E atomes des différents plans et dimensions qui provoquent (dimensionnels) de nouvelles maladies inconnues pour les SAS (Souterrains)

Un autre système solaire est actuellement en route directe pour occuper notre position dans l'espace ce qui provoquera en outre des perturbations dans le champ électro-magnétique de la terre. (X) (2) A → voir 2 B (E)

En outre sur le plan cosmique [illegible] [illegible]
Suite
sur la question Atlantique il faut comprendre (B) que [illegible]

Angefertigt in Spanien in la Cava *[richtig?]_* Sep. 92 (1/15)
Vorhersage der kathastrophalen Ereignisse, die sich auf diesem Planeten abspielen werden und Erklärung der nuklearen Effekte auf die unsichtbaren Körper und auf die Seele.

IA X D (im Kreis) ———

Wenn täglich Erdbeben Kalifornien *[Verb unleserlich: erschüttern?]* wird der Staat sich nicht sofort und vollständig betätigen, aber ein weiteres großes Erdbeben wird sich an der Mississippi-Spalte abspielen. Dieses Erdbeben in Mittleren Westen wird eine Vorwarnung sein und in den nächsten 12 Stunden wird ein zerstörerisches Erdbeben *[Er benutzt hier die Abkürzung T dT für Tremblement de terre, Erdbeben] [Verb unlesbar]* den Kontinent *[Verb unleserlich]*. Danach *[Verb unleserlich, erheben?]* sich riesige Staubwolken rund um den Globus – Los Angeles, New York und rund um das Mittelmeer (Italien, Griechenland, Nordafrika).
Die Aktivität der Sonnenflecken wird Grund für eine starke Hitzewelle sein, für Krankheit und Wahnsinn. Man darf sich in diesem Moment nicht der Sonne aussetzen. Die Sonnenflecken werden die Erdachse noch mehr neigen, und das wird noch größere Klimaveränderungen hervorrufen, als zur Zeit.

Die Umlaufbahn der Planeten und des Sonnensystems ändern sich aufgrund der in der spärischen Region hervorgerufenen höheren Energien [Zwischenzeile eingefügt(unter anderem durch ORION und SIRIUS Pleiaden_)] und eine hohe kosmische Strahlung ganz *[um?] [sich eintreten?] [schockieren?]* die Atome der unterschiedlichen Ebenen und Dimensionen, was neue *[adjektiv unlesbar:unbekannte?]* Krankheiten dann öffnen sich die [oben eingefügt dimensionelle] „SAS“ *[Satz unklar]*.

Ein anderes Sonnensystem ist zur Zeit auf dem Weg dahin, unsere Postion in dem Raum einzunehmen, was unter anderem Störungen des elektromagnetischen Erdfeldes hervorruft. X (im Kreis), ~~2~~ (im Kreis)
A ⟶ Siehe 2B E (im Kreis)

Unter anderem über die kosmischen Vibrationsebene
Folge B im Kreis
Die Atomfrage betreffend muss man verstehen, dass das

54 VIE est composée de millions d'Atomes C'est la Structure invisible et visible au niveau le plus bas que puisse capter Votre monde physique – A l'intérieur de l'Atome existe la contrepartie exacte de l'Univers extérieur – c'est l'Univers Intérieur – Cet Univers n'est pas visible par les sens humains ou par les instruments scientifiques des terriens étant donné ses constituants. Seule la vision "dite spirituelle" peut percevoir ces mondes et ces niveaux dimensionnels. La Science des Ethérons est une application des principes de la substance dont est composé l'Atome – La vitesse à laquelle un atome vibre dans la "matière" constitue l'unique domaine de la création qui puisse servir de support aux Formes-Pensées – Par exemple une roche vibre très lentement tandis que l'homme peut vibrer + vite durant le développement "spirituel" de son Ame. Tout ce qui existe sur la planète partage une substance commune et l'Espace qui entoure les Atomes. Au travers de cet espace coule la Force de Vie qui <u>relie Toutes LES Créations entre elles</u>, que ces dernières se trouvent sur la planète ou à l'intérieur – Aussi imaginez-vous ce qui se passe lorsque l'homme fait exploser une bombe atomique qui provoque une scission violente de la structure atomique où qu'elle soit –

La Force de Vie qui circule à travers l'éther aussi rapidement que les pensées et toute structure atomique, peut commencer à accélérer ses vibrations ce qui peut agir sur le temps et l'espace mais le plus grave est la destruction produite <u>sur l'AME</u>.

Il est désastreux pour la croissance de l'Ame d'être confrontée à une pleine radiation nucléaire – on a tendance à croire que les 4 corps inférieurs se trouvent séparés par le temps et l'espace. C'est faux – Ce qui advient au corps physique au cours d'une atteinte nucléaire affecte tout autant les corps non physiques de part les atomes

Leben aus Millionen von Atomen besteht. Es ist die unsichtbare Struktur die nur auf dem tiefsten Niveau sichtbar ist, die Ihre physische Welt beschreiben kann.
– Im Inneren des Atoms gibt es das exakte Gegenstück des äußeren Universums, das Innere Universum_ Dieses Universum ist mit den menschlichen Sinnen oder den irdischen wissenschaftlichen Instrumenten nicht sichtbar, da sie aus dieser Materie bestehen. Allein das sogenannte „Spirituelle" Sehen kann diese Welten und die Dimensionsniveaus wahrnehmen. Die Wissenschaft der *Etherons [ich weiß nichtob das ein Planet oder ein Volk ist und kann es deshalb nicht in die entsprechende Form setzen]* wendet die Grundprinzipien der Substanzen aus denen das Atom besteht an. ✖ Die Geschwindigkeit mit der ein Atom in „Materie" vibriert, stellt das einzige Gebiet der Schöpfung dar, das als Unterstützung der Formen, Gedanken dienen kann. Zum Beispiel vibriert ein Fels sehr langsam, wohingegen ein Mensch gemäß der „spirituellen *[besser:geistigen?]*" Entwicklung seiner Seele schneller vibrieren kann. Alles was auf dem Planeten existiert, teilt eine gemeinsame Substanz des Raumes der die Atome umgibt. Durch diesen Raum fließt die Lebenskraft, die ALLE Schöpfungen miteinander verbindet, dass die letzten sich auf dem ovalen *[??]*, dualen *[??]* Planeten befinden. Stellen sie sich vor, was sich abspielt, wenn man eine Atombombe explodieren lässt, die eine heftige Kernspaltung der beteiligten atomaren Struktur hervorruft.
Die Lebenskraft, die genauso schnell durch den Ether zirkuliert, wie die Gedanken und die ganze atomare Struktur, um nur einige zu nennen, kann anfangen seine Schwingungen zu beschleunigen, was Auswirkungen auf die Zeit und den Raum hat, schlimmer noch ist jedoch die dadurch hervorgerufene Zerstörung der SEELE.

Für die Entwicklung der Seele ist es katastrophal einer nuklearen Strahlung ausgesetzt zu sein. Man tendiert dazu zu glauben, dass die 4 niederen Körper in Raum und Zeit getrennt sind. Das ist falsch. Was mit dem physischen Leib durch durch eine nukleare Dosis geschieht, betrifft ganz genauso den nicht-physischen Körper auf Seiten der dauerhaften Atome

permanents de chaque corps et plans qui sont reliés entre eux 55

L'Ame peut être affectée de la manière la plus grave et toute attaque ou essai nucléaire est une atteinte à l'Ame des autres dans les mondes visibles et invisibles car les effets nucléaires affectent l'enveloppe Aurique des individus et selon la distance où se trouve en dessous du point d'impact l'enveloppe Aurique peut être mutilée de manière permanente ou même être complètement détruite, anéantie.

Normalement ceux dont les champs d'énergie sont affectés de la sorte meurent non rapidement pas seulement à cause de la radiation mais surtout parce que la LUMIERE DE VIE de la personne est détruite et cela dans tous les mondes visibles et invisibles. ∞

Cette Lumière qui fait le lien entre les dimensions est parallèle aux au cordon Doré.

A l'intérieur de la Corde d'Argent qui relie le corps Astral au physique se trouve le CORDON DORÉ imprégné d'une Energie Vitale Dorée, c'est l'Energie de LUMIERE qui maintient l'individu en vie sur tous les plans.

Quand le corps physique est détruit, le problème ne fait que commencer. L'Esprit est libéré par la Corde d'Argent sauf en cas de MORT NUCLEAIRE qui n'est pas la voie normale impliquant que le Cordon est brisé et retiré de la personne

La vie est ENERGIE quelque soit la dimension dans laquelle se trouve la personne. L'Energie peut être dénaturée lorsque certains facteurs la perturbent. C'est cette distorsion provoquée par la déflagration nucléaire

jedes Körpers und der Ebenen, die miteinander verbunden sind.
Die Seele kann in der schwersten Weise betroffen sein und jeder nukleärer Angriff oder nukleare Test ist eine Gefährdung der Seele der anderen in den sichtbaren und den unsichtbaren Welten, denn die nuklearen Effekte betreffen die Hülle [Wort unlesbar] und gemäß der *[Wort unlesbar: Abstand?]* befindet man sich *[Wortfolge unlesbar]* um/für den Einfluss der Hülle *[wie oben, unlesbar, Name der Hülle? Ainque?]* kann dauerhaft verstümmelt werden oder sogar vollständig zerstört, [Verb unlesbar] werden.

Jene, die durch die Energiefelder auf oben beschriebene Weise betroffen sind, sterben normalerweise sehr schnell, allein aufgrund der Strahlung aber vorallem weil das LICHT DES LEBENS der Person zerstört ist und das in allen sichtbaren und unsichtbaren Welten.

Dieses Licht, das die Dimensionen verbindet, lässt sich mit einer goldenen Kordel vergleichen.

Im Inneren der silbernen Kordel, die die Astralkörper mit dem physischen Körper verbindet, befindet sich die GOLDENE Kordel, die mit einer goldenen Lebensenergie durchtränkt ist. Das ist die Energie des Lichts, die nun *[Wort unlesbar]* im Leben auf allen Ebenen.

Wenn der physische Körper zerstört ist, fangen die Probleme erst an. Der Geist wird außer im Fall des atomaren Todes durch die Silberne Kordel befreit, wobei der atomare Tod nicht der übliche Weg ist, was impliziert, dass die Kordel kompakt *[? unsicher]* ist und losgelöst von der Person.

Das Leben ist ENERGIE egal in welcher Dimension sich die Person befindet. Die Energie kann verzerrt sein, wenn einige Faktoren sie stören. Genau diese Störung verursacht durch die atomare Verpuffung

56 qui est à la base du Problème. La Distorsion amenée
l'Âme reliée au physique à travers toutes les plans par
l'atome de chaque plan, a souffert de manière inhabituelle – Il y a éclatement de l'énergie de vie à tous
les plans de conscience –

Il faudra donc énormément de travail de soin de patience pour ré-aligner l'Âme pour la réintégrer dans sa vie et voie normale. Il faut repolariser les champs d'Énergie de l'Âme avant qu'elle puisse se retrouver dans un état normal –

C'est dans les "Hôpitaux Cosmiques" que l'on peut traiter ce genre de "Maladie" en se mettant en liaison avec les "devas" qui aident à la formation des corps dans les mondes Formels ~~pour~~ afin de réajuster le travail qui a été détruit dans la construction de la forme. (A) (1)

(X) 2 B (X) Le Système Solaire se tourne maintenant lentement vers sa nouvelle orbite dans le champ d'expression du Verseau – Les fréquences de la terre seront compatibles avec tout le reste du Système.

C'est pour cela qu'un nettoyage de la planète Terre doit être effectué car une grosse partie de l'humanité actuelle ne pourra pas supporter le nouveau taux vibratoire de l'Entité Planétaire qui va accéder à un plan de conscience supérieur ~~et effectuer elle-même~~ Après la période cataclysmique T. de T. et volcans – Évacuation des ET – en se retournant par le renversement des Pôles comme un chien secoue ses puces pour se débarrasser

steht am Anfang des Problems. Die Seele, die über alle Ebenen durch die Atome jeder Ebene verbunden ist, muss durch die Verdrehung *[der Energie]* auf ungewöhnliche Art leiden. Die Lebenenergie zerspringt auf alles Ebenen des Bewusstseins *[unsicher].*

Es bedarf daher enorm vieler geduldiger Pflegearbeit, um die Seele WIEDERauszurichten, um sie wieder in ihr Leben und in ihre üblichen Weg zu integrieren. Man muss die Energiefelder der Seele repolarisieren, bevor sie in den normalen Zustand zurückfindet.

In den „kosmischen *[Wort unlesbar: Heptans? Siebenjahre?]* steht, dass man diese Art der „Krankheit" behandeln kann, indem man sich mit den „devas" *[dem göttlichen?]* in Verbindung setzt, die bei der Bildung des Körpers in den Formellen Welten helfen, um die Arbeit, die in der Bildung der Form zerstört wurde, wieder aufzurichten. A (im Kreis, durchgestrichen) + nach oben, C *[undefinierbar]*

(Links an der Seite untereinander) X (im Kreis) 2 B X (im Kreis) (Strich nach oben)

Das Sonnensystem befindet sich jetzt langsam auf seiner neuen Umlaufbahn im Ausdehnungsfeld der/des Terseau *[? Wort korrekt Eigenname].* Die Erdfrequenzen werden mit dem ganzen übrigen System kompatibel sein.

Deshalb muss die Reinigung des Planeten Erde ausgeführt werden, denn ein großer Teil der derzeitigen Menschheit wird das neue Vibrationsniveau des Planeten, das eine höherer Bewusstseinsebene zugänglich macht, nicht aushalten können und ~~dieses Niveau betreffen~~ (Pfeil: X nach oben). Nach der katastrophalen Periode der Erdbeben und Vulkanausbrüche. Evakuierung der Außerirdischen (oben eingefügt: und einiger Erdenbürger). Indem er *[der Planet]* sich umwendet durch die Umkehrung der Pole, wie ein Hund der die Flöhe abschüttelt, um

de ses parasites en se trempant dans l'eau. autrement ce qui équivaudra à un gigantesque Tsunami planétaire qui balayera tout ce qui est parasite vivant, les endroits protégés seuls en montagne seront épargnés avec leurs habitants prévus pour supporter le choc Quant à ceux qui auront été balayés définitivement de la planète, ceux-ci, qui font partie des "Forces Noires" subiront la 2ème mort en étant envoyé en "Sommeil" sur une planète d'exil possédant un taux vibratoire semblable aux leurs et attendront (dans cette état "léthargique" pendant des EONS) qu'une planète soit crée pour leur permettre de s'incarner à nouveau ~~pour leur per~~ afin de continuer à épurer et de changer leur matérialisme forcené et leur pouvoir de domination sur les autres pour le remplacer par l'Amour Universel —

La terre leur sera interdite à jamais —

Quand à la terre, après avoir été restabilisée sur son nouvel axe elle partira pour une longue période de rénovation et d'âge d'OR. avec le nouvel enseignement "Spirituel" qui lui sera donné dans l'Amour Christique Cosmique.

diese Parasiten loszuwerden, der sichvollständig ins Wasser tunkt, was einem gigantischen Tsunami auf der Erde gleichkäme, der alle lebenden Parasiten hinwegfegt, allein die Schutzräume in den Bergen mit ihren Bewohnern werden verschont. Ihre Bewohner wurden ausgewählt, um den Schock zu ertragen. Jene aber, die vom Planeten weggefegt wurden, das sind jene die zu den „Schädlichen Kräften“ gehören, sterben den 2ten Tod, indem sie in den „Schlaf“ auf einen Exilplaneten geschickt werden, der ein ähnliches Vibrationsniveau bestitzt wie ihr eigenes und warten (in einem „lethargischen“ Zustand während mehrerer Jahrhunderte) darauf, dass ein Planet entsteht, der ihnen erlaubt wiedergeboren zu werden ~~um sie/ihr *[Wort unlesbar]*~~ um ihre Evolution fortzusetzen und um ihren gezwungenen Materialismus zu bekämpfen und ihr Streben nach Macht über andere durch die Universelle Liebe zu ersetzen. _

Die Erde ist für sie für immer ein verbotener Ort. Für die Erde, nachdem sie auf ihrer neuen Achse stabilisiert wurde, bricht eine lange Zeit der Erneuerung und das goldene Zeitalter *an [Punkt, aber klein weiter][„sie wird“ fehlt hier]* mit der neuen „geistigen“ Ausbildung begin nen, die ihr von der kosmischen Christlichen Liebe gegeben ist.

Seiten 58/59
nicht vorhanden.

60

Reflexions sur la Conférence de Rauni-Leena "ambassadrice" des BT.

Lorsque Rauni parle des BT dans une sorte d'enthousiasme cosmique un peu naïf parce qu'elle mélange les "Grands blonds" et les "Gris" dans un même élan d'Amour.

Elle semble ignorer que LES Univers multidimensionnels comportent des créations totalement différentes de celles que connaissent les Mondes tridimensionnels comme la planète Terre.

Il faut bien comprendre qu'il y a une infinité d'Univers. Le Monde terrestre fait partie des Univers Humanoïdes mais il existe aussi des univers Animaux dont font partie les "Greys" les gris, des Univers Végétaux dont certains êtres sont incarnés sur cette planète et qui viennent de la 5e dimension (Personnellement je connais une telle personne dont le "sang" était un liquide ressemblant à de la sève végétale et qui serait venu de la planète Xenus) et même des Univers minéraux, ~~dont les~~ et d'autres créations ~~dont~~ que les terriens ne peuvent imaginer.

Tous ces Univers ont des lois cosmiques spécifiques à chacun d'eux. et ce qui est valable pour nos Univers humanoïdes peuvent ne pas l'être pour d'autres création – les Sensations les sentiments sont totalement inconnus dans certains Univers.

Rauni semble confondre Lumière et Luminosité

Gedanken über die Konferenz von Rauni, *[Lektüre?]*
Lesung „Botschafter“ der Außerirdischen

Wenn Rauni mit einer Art kosmischem Enthusiasmus von Außerirdischen spricht, ist das etwas naiv, denn sie mischt die „Großen Blonden“ und die „Grauen“ in die selbe Familie der Liebe.
Sie scheint nicht zu wissen, dass DIE multdimensionellen Universen Geschöpfe umfassen, die völlig von denen auf der dreidimensionalen Erde verschieden sind. Man muss natürlich verstehen, dass es unendlich viele Universen gibt. Die irdische Welt ist Teil der humanoiden Welten aber es gibt auch Tierische Welten zu denen die „Greys“, die Grauen gehören, und Pflanzliche Universen, von denen einige Wesen auf diesem Planeten wiedergeboren sind und die aus der 5ten Dimension kommen (Ich persönlich kenne eine solche Person, deren „Blut“ eine Flüssigkeit ist, die an den Pflanzensaft erinnert und die vom Planeten Xemur kamen) und sogar Mineralische Universen und andere Schöpfungen die sich Erdenbürger nicht vorstellen können.
All diese Universen gehorchen kosmischen Gesetzen, die für sie spezifisch sind und das was für unser humanoides Universum gültig ist, gilt nicht zwangsläufig für andere Geschöpfe. Die Empfindung von Gefühlen sind in einigen Universen völlig *[adjektiv unlesbar].*

Rauni scheint die Konzepte Licht und Glanz zu verstehen

et là se trouve la clé de beaucoup d'erreurs –
Pour ne parler que de nos Univers Humanoïdes les gens
parlent de corps de lumière au lieu de Corps Lumière –
Car le corps visible dans les autres dimensions est le corps
physique vibrant au rythme de ces mondes – sa cette
luminosité due à la fréquence dimensionnelle n'a rien
ou comme des pseudos formels –
à voir avec la Lumière dite spirituelle " qui est totalement
c'est exactement
la même chose que dans Notre monde à 3 dimensions, Votre
corps physique humain n'est pas lumineux ou sa fréquence
atomique mais le serait pour un être inférieur à Notre
dimension –

Il ne faut pas en effet confondre le Corps de Lumière
qui est le corps dit "spirituel" avec le corps physique
qui est lumineux en raison de sa fréquence dimensionnelle.
Dans le monde de la forme – ce qui est en haut est comme
ce qui est bas et vice versa –

Quand Ramn dit que les "Grands Blancs" et les "Gris"
infectent tout l'énergie et l'Amour circulants dans
l'Univers, elle ~~oublie~~ semble ignorer la multiplicité des Univers qui
n'ont rien à voir avec celui que vous connaissez –

und darin befindet sich der Schlüssel zu viel Liebe.

Um nicht nur von unserem humanoiden Universum zu sprechen, reden die Leute vom sichtbaren Lichtkörper anstelle des Leuchtkörpers.

Denn dieser in anderen Dimensionen sichtbare Körper ist der physische Körper, der im Rhythmus dieser Welten schwingt. Der Glanz, der von der dimensionalen Frequenz abhängt, hat nichts (oben eingefügt: *[Wort/e unlesbar]* formelle Welten) zu tun mit dem sogenannten „spirituellen" Licht, (oben eingefügt, das vollständig *ist [hier scheint ein Verb zu fehlen, da vollständig als Adverb gebraucht ist, nicht als Adjektiv]*). Es ist genau dasselbe wie in unserer dreidimensionalen Welt. Ihr physischer, menschlicher Körper leuchtet angesichts seiner atomaren Frequenz nicht, aber aus der Sicht eines niederen Wesens unserer Dimension tut er es.

Man muss natürlich den Körper des Lichts nicht verstehen, der der sogenannte spirituelle Körper ist, mit dem physischen Körper, der leuchtend/glänzend ist, aufgrund seiner dimensionellen Frequenz. In der Welt der Formen= das was oben ist, ist wie das was unten ist und umgekehrt _ *[Sinn nicht verständlich]*

Wenn Rauni sagt, dass die „großen Blonden" und die „Grauen" alle Energie und die allgegenwärtige Liebe im Universum repräsentieren, dann ~~vergisst sie~~ scheint sie die Multiplizität der Universen zu ignorieren *[oder: nicht zu kennen],* Universen, die nichts mit dem zu tun haben, das wir kennen.

62

Essai de Recherche et d'Approche de la Connaissance du "DIEU" –

Connais-toi toi-même et tu connaîtras l'Univers et les Dieux –
SOCRATE

Cette phrase mise en exergue est la phrase la plus importante qu'un des plus grand Philosophe et Penseur n'a jamais écrite ou enseignée car elle est la clé de la porte du chemin (recherche) qui mène à Dieu –

Cette phrase qui fut matériellement tronquée par les officiels de la désinformation et de l'obscurantisme pour changer tout son sens véritable se résumant seulement au lapidaire "Connais-toi toi-même" – Point final – Ce qui volontairement et intelligemment fausse totalement le sens de cette grande Vérité –

Versuch Kenntnisse von „Gott“ zu recherchieren und zu erlangen.

Kenne dich, dich allein und die wirst das Universum und die Götter kennen.

SOKRATES

Dieser Satz, als Motto vorangestellt, ist der wichtigste Ausspruch den einer der größten Philosophen und Denker je geschrieben oder unterrichtet hat, denn er ist der Schlüssel zur Tür zum Pfad der Erkenntnis, der zu Gott führt.

Dieser Satz, der durch die Offiziellen der Desinformation und des *[Worte durchgestrichen, unleserlich]* (Obskurantismus *[untendrunter mit Pfeil nach oben]*) substanziell verstümmelt wurde, um all seinen (oben: wahren) ~~eigentlichen~~ Sinn zu ändern, wird nur noch ganz lapidar als „Kenne dich. Dich selbst“.Schlusspunkt. was ~~selbstverständlich~~ den (von oben: eigentlichen) ~~tiefen~~ Sinn dieser (von oben: großen) ~~ersten~~ Wahrheit völlig verfälscht.

Cette phrase mise en exergue est la phrase la plus importante 63
qu'un des plus grands Philosophes et Penseur de l'Antiquité ait jamais
~~professée~~ Prononcée, écrite ou enseignée, car elle est la clé qui ouvre la porte du chemin
~~qui mène~~ de la recherche qui mène à DIEU –

Cette phrase sublime fut naturellement tronquée par les
officiels de la désinformation et de l'obscurantisme pour en occulter
son sens ~~intrinsèque~~ véritable en se résumant seulement au lapidaire
"Connais-toi, Toi-même" – (Point final!) ce qui évidemment fausse
totalement la pensée et le sens profond et intrinsèque de cette grande
vérité émise par Socrate –

Rechercher DIEU – Quête impensable? impossible?
Folie Rêverie stérile? – Essayons quand même d'y voir clair à
travers tous les enseignements donnés –

L'Église catholique dans son catéchisme ~~[illegible]~~, à la question
qu'est-ce que Dieu – Répond. C'est un PUR ESPRIT. ! Point final
La religion juive judaïque l'appelle. EN SOPH. – L'INconnaissable (ou
L'Innommable!

L'ORIENT. ~~Celui~~ Parabrahm ou Celui dont Rien ne peut être DIT!
Voyons alors ~~dans~~ l'enseignement dit ÉSOTÉRIQUE ce qu'il
en est.

L'Homme est ~~composé~~ constitué de 7 corps qui se trouvent dans
7 plans s'interpénétrant les uns les autres en se sublimant à
mesure qu'on s'élève fréquentiellement au point de vue vibratoire
Ces 7 plans sont les suivants en commençant par le plan matériel

Plans dits Spirituels / Infinis	DIVIN	1 Plan ~~Physique~~	dans la constitution de la matière –
	Monadique	2 Monade	Car on ne peut ignorer que
	Bouddhique	3 Boudhique	la matière est de l'Énergie
	Intuition	4 Intuition	vibrant à un rythme lent au
	~~ÂME~~ Atome		point de vue atomique –
Mental		5 Mental	La science actuelle explique et démontre parfaitement ce problème =
Astral	Atome	6 Astral	Donc en partant de cette
Physique	Atome	7 Plan physique	connaissance les 7 corps de l'homme du plan physique humain

Der als Motto vorangestellte Satz ist der wichtigste Satz, den einer der größten Philosophen und Denker der Antike jemals gesagt (~~verlauten lassen~~), geschrieben oder gelehrt hat, denn er ist der Schlüssel, der die Tür zum Weg der Suche öffnet, der zu Gott führt.

Der verfeinerte Satz wird natürlich durch die Offiziellen der Desinformation und des Obskurantismus verstümmeln, die versuchen seinen wahren Sinn zu verbergen, indem man ihn nur ganz lapidar verwendet als „Kenne dich. Dich selbst" (Schlusspunkt), was selbstverständlich den Gedanken und den eigentlichen, intrinsichen Sinn dieser großen, von Sokrates *[Wort unlesbar]* Wahrheit völlig verfälscht.

Die Suche nach Gott_ Eine undenkbare, eine unmögliche Frage? Eine sterile Verrücktheit, eine Träumerei? Versuchen wir trotzdem hier einen klaren Blick über alle gegebenen Lehren zu behalten.

Die Katholische Kirche mit ihrem Katholizismus ~~sagt uns~~, antwortet auf die Frage: Was ist Gott: Das ist ein REINER GEIST. Und damit Ende.

Die jüdische Religion nennt ihn *[Wort unlesbar, teils durchgestrichen]* den Unerkennbaren, den Unaussprechlichen.

Der ORIENT. Parabraham oder derjenige der nicht GESAGT werden kann.

Nun sehen wir uns auch noch *[Wort unlesbar durchgestrichen]* die Esotherische Lehre an und wie er dort genannt wird.

Der Mensch besteht aus 7 Körpern, die sich auf 7 Ebenen befinden, die sich gegenseitig durchdringen und verfeinern in dem Maße, wie man ihre Vibrationsfrequenz in der Konstruktion der Materie erhöht. Diese 7 Ebenen sind die folgenden, beginnend mit der materiellen Ebene

„Spirituelle" Ebenen	Göttliche Ebene	1
	Menschliche	2
		3
	Intension	4
	Seele Atomar	5 Mental
	Atomar	6 Astral
	Atomar	7 Physisch

Da man nicht ignorieren kann, dass die Materie aus *[Wort unlesbar: vibrierender?]* Energie besteht an ein System *[Wort unlesbar]* aus atomarer Sicht. *[Satz unverständlich].*

Die aktuelle Ansicht zeigt und demonstriert dieses Problem.

Ausgehend von der Kenntnis der 7 Unterebenen des Aufbaus des physischen menschlichen Körpers

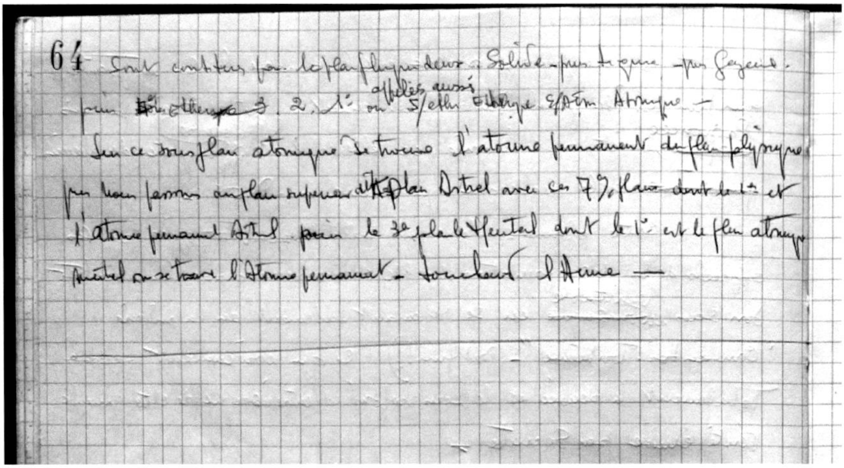

64 Sont constitués par le plan physique deux: Solide - puis liquide - puis gazeux. puis [illegible] 3. 2. 1: on appelles aussi 5/ethe [illegible] 4/Atom Atomique —
Sur ce sous plan atomique se trouve l'atome permanent du plan physique
puis nous passons au plan supérieur au plan Astral avec ces 7 plans dont le 1er est
l'atome permanent Astral puis le 3e plan le Mental dont le 1er est le plan atomique
mental où se trouve l'Atome permanent - touchant l'Ame —

[die ersten zwei Zeilen unverständlich] konstituiert sind, für/durch die Ebene, denn zwei feste mehr *[Wort unlesbar], dann [Wort unlesbar],* dann 4te Ethnisch *[?],* 3,2,1: man nennt 5 auch Ethnisch *[?],* 4. Atomare Dimension.

Auf diesem atomaren Unterplan befinden sich die dauerhaften Atome der physischen Ebene, dann kommen wir auf die höherere Ebene auf die Astrale *[groß geschrieben]* Ebene mit ihren 79 Ebenen. Die dauerhaften Astralen Atome, dann die dritte, die Mentale Ebene, deren erste Ebene die mentale atomare Ebene ist, wo sich die dauerhaften Atome befinden, die die Seele berühren –

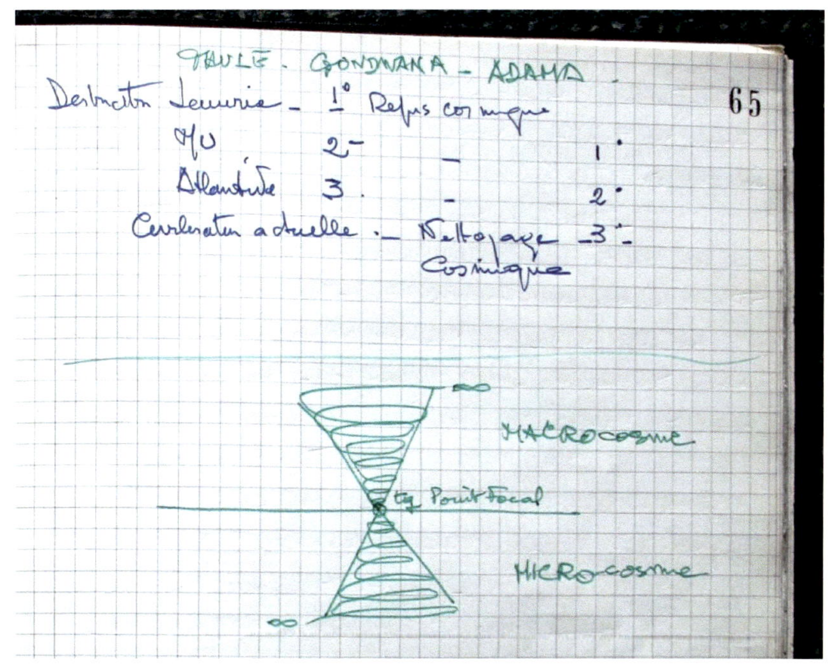

MAULE – GONDWANA – ADAMA

Zerstörung	Lemurien	1° kosmische Ablehnung	
	MU	2-- _	1°
	Atlantis	3 _	2°
	aktuelle Zivilisation	_ kosmische Reinigung	3°

Text im Bild:

MACROCOSMOS

Schwerpunkt

MICROCOSMOS

Das Geheimnis der Zahl Pi (π)

von Werner Betz

Die Kreiszahl Pi, die berühmteste Zahl in der Mathematik – birgt sie denn überhaupt noch ein Geheimnis in sich, das zu lösen wäre? Seit Hunderten von Jahren oder noch länger bemühen sich die Mathematiker der Welt, diese immer genauer zu berechnen.

Bereits Archimedes von Syrakus hatte bewiesen, dass der Umfang eines Kreises sich zu seinem Durchmesser genauso verhält wie die Fläche des Kreises zum Quadrat des Radius. Das jeweilige Verhältnis ergibt also in beiden Fällen die Kreiszahl. Für Archimedes und noch für viele Mathematiker nach ihm war unklar, ob die Berechnung von π nicht doch irgendwann zum Abschluss käme, ob π also eine rationale Zahl sei, was die jahrhundertelange Jagd auf die Zahl verständlich werden lässt.

Aber es wurden immer „genauere" Berechnungen angestellt, heute nimmt man sie mit 3,1415926535 8979323846 … auf viele Hundert Stellen genau an. Um sie zu ermitteln, wurden inzwischen sehr komplizierte Rechenwege ermittelt, während Archimedes von Syrakus – wie noch viele Generationen nach ihm – versuchte, sich mit regelmäßigen Vielecken dem Kreis anzunähern und auf diese Weise Näherungen für π zu gewinnen. Er kam dabei auf den Wert 3,1428571 – ab hier wurde die Zahl dann ständig verbessert und neu berechnet. Doch war das überhaupt notwendig?

Lilor hat Jean eine ganz einfache Berechnungsweise genannt, die ich in keiner mathematischen Abhandlung über π bisher gefunden habe, die jedoch von Handwerkern bereits in Zeiten vor

Rechenschieber und Taschenrechner benutzt wurde.[4] Ist sie zu einfach, um richtig zu sein? Wenn man den Bruch aus 22/7 berechnet, so kommt man auf die Zahl 3,142857142857... Dieser Zahl am nächsten kam bisher die Berechnung des Archimedes. War der erste Gedanke also am nächsten dran, obwohl er einen anderen Rechenweg verwendete?

Laut Wikipedia beträgt der Fehler dieser Zahl gegenüber л 0,04 % – aber ich frage mich, gegenüber welchem л – Es gibt so viele Berechnungsweisen. Wie ich von einem Funktechniker erfahren habe, ergaben sich bei seiner Arbeit selbst bei einer Rechnung mit der „modern" berechneten Zahl л Differenzen, die in den Schaltungen manuell durch Nachjustieren bereinigt werden mussten. Vielleicht könnte die Nutzung der „richtigen" Zahl л auch hier Abhilfe schaffen, was ganz einfach zu überprüfen wäre ...

---

[4] Die Geschichte der Berechnungsweise der Zahl л ist ausführlich in Wikipedia beschrieben. Eine interessante Abhandlung ist aber auch „Die Geschichte der Approximationen der Zahl л – Fachbereichsarbeit aus Mathematik, eingereicht von Werner Scholz 8.A, betreut durch Mag. Ingrid Breyer, 1993/94, GRG XIII Wenzgasse 7. 3. verbesserte Ver sion: 03.11.2001

Jean de Rignies und der Glasofen

von Udo Vits

Auf seinen Streifzügen durch das Gelände rund um die Salsquelle hatte Jean die zerfallene und verschüttete Anlage entdeckt und nach und nach den Schutt aus dem Objekt heraus geräumt. Es handelt sich um den so genannten „Glasofen", welcher heute nach eher zweifelhaften Restaurierungsarbeiten hinter einem hohen Drahtzaun versperrt ist. Während der Räumungsarbeiten wurde Jean auf Geräusche aufmerksam, die aus dem Untergrund, unter dem Ofen zu dringen schienen. Es klang wie ein gleichmäßiges Maschinengeräusch, vergleichbar mit dem einer Rotationsdruckmaschine. Es schienen die gleichen Geräusche zu sein, wie er sie zuvor schon im Salon seines Hauses vernommen hatte, wo sie auch aus dem Untergrund zu vernehmen waren. Von seinem Freund Henri Buthion in Rennes-le-Château lieh sich Jean ein Tonbandgerät aus und machte Tonbandaufnahmen, sowohl in dem Ofen als auch im Salon und später noch an der Salsquelle. Solche Bänder existieren noch.

Abb. 18: Zustand des Glasofens (Eingang) bis zum Jahr 2005. (Foto: Udo Vits)

Abb. 19: Jean de Rignies bei Räumungsarbeiten im „Glasofen“. (Foto: Archiv Jean de Rignies)

Renée zufolge fand Jean den Ofen nicht zufällig, sondern er sei ihm von einem ET (Extraterrestier) gezeigt worden. Mit diesem Wesen soll Jean praktisch in dem gesamten Zeitraum, in dem er an der Sals lebte, in Kontakt gestanden haben. Im Lauf der Jahre wäre Jean mehrmals mit dem ET persönlich zusammengetroffen, und aus diesem Kontakt sowie den Treffen resultieren die Aufzeichnungen, die weiter vorn veröffentlicht sind. Lilor, so sein Name, hatte sich als Kommandant der unterirdischen Basis zu erkennen gegeben, die sich kilometerweit im Untergrund, rings um den Pic de Bugarach, erstreckt.

Jean wurde also 1985/1986 von dem ET Lilor auf die „Fours“ (Glasöfen) aufmerksam gemacht. Von dem Zeitpunkt an untersuchte Jean sowohl die seltsamen Megalithbauten als auch das Gelände im Wald, auf dem sich die vermeintlichen Glasöfen befinden. Ein hinzugezogener Radiästhesist ortete an einer Stelle, ungefähr 50 Meter von dem näher untersuchten Objekt entfernt, ein großes metallisches Objekt im Untergrund.

Vermessungen ergaben das folgende Resultat:

Das Objekt liegt in einer Tiefe von etwa 25 Meter

Länge: 30 Meter

Breite: 15 Meter

Höhe: 3 Meter (an der höchsten Stelle des gewölbten Gebildes)

Alle Maße sind Schätzungen.

In östlicher Richtung läuft das Gebilde über eine Länge von etwa 8 Meter pfeilförmig aus.

Es handelt sich dabei vermutlich kaum um ein natürliches Objekt, sondern viel eher um eine Konstruktion.

Später überprüfte Jean seine Entdeckung gemeinsam mit einem anderen Mann, einem Freund, der zuvor bei der NASA in den USA beschäftigt gewesen war. Dieser Freund verfügte seinerseits über Beziehungen zu Bekannten, die in Toulouse bei den französischen Forschungsstellen arbeiteten und ihm ein Protonenmagnetometer zur Verfügung stellten. Mit diesem Gerät wurde die Stelle erneut vermessen. Im Ergebnis bestätigten diese Messungen das Vorhandensein eines Objekts.

Wie ich an anderer Stelle schon erwähnte, gelang es uns im Jahr 2008, den Leiter des Geophysikalischen Instituts der Universität Göttingen für unsere Forschungsarbeit vor Ort zu gewinnen. Der Professor interessiert sich privat für das Thema Rennes-le-

Château im Allgemeinen. In den zwei Jahren danach fanden mehrere groß angelegte Vermessungsaktionen an verschiedenen Stellen in Rennes-le-Château und im Salstal, aber auch an anderen Orten, statt. Außer unserem Team waren daran Gruppen von bis zu 20 Studenten der Uni Göttingen mit ihren Ausbildern und umfangreichem geophysikalischen Gerät der Uni im Einsatz. Man kann also ohne zu übertreiben sagen, dass geräteseitig so ziemlich das Beste zum Einsatz gekommen ist, was für solche Zwecke zur Verfügung stand.

Im Bereich der Glasöfen sind 2008/2009 insgesamt dreimal Messungen durchgeführt worden, die jedes Mal unterschiedliche Resultate erbrachten. Dabei reicht das Spektrum von Bestätigung der früheren Untersuchungen von Jean de Rignies, bis hin zu negativen Messergebnissen. Das ist wahrscheinlich auf verschiedene Ursachen zurück zu führen. Zunächst einmal sind Messungen mit derartig komplizierten und empfindlichen Geräten, wie sie zum Einsatz kamen, in dem schwierigen Gelände, natürlich nicht optimal durchführbar. Bereits beim Geräteaufbau, beim Abstecken der Messflächen und Trassen stößt man auf erhebliche Hindernisse. Messungen lassen sich nie exakt wiederholen und das Gerätepotential lässt sich niemals voll nutzen. Neben der ungünstigen Bodenbeschaffenheit gibt es noch weitere stark einschränkende Bedingungen. Beim Einsatz des VLF z.B., welches mit Funksignalen arbeitet, die von meist militärischen Stationen kommen und eigentlich der Kommunikation mit U-Booten dienen, war im Tal der Sender Sardinien nur sehr schlecht zu empfangen (das andere Signal kam aus Norddeutschland und war brauchbar – doch benötigt werden mindestens zwei deutliche Signale).

Noch gravierender erscheint mir aber die mangelnde Qualifikation des Bedienpersonals, das wie gesagt aus Studenten bestand, die ja gerade erst einmal an den Geräten ausgebildet werden sollten. Lediglich die zwei Ausbilder verfügten über ausreichendes technisches Wissen, waren aber wiederum am sachlichen Hintergrund, an der Geschichte und den Geschichten, die wir hier ergründen wollten, nicht sonderlich interessiert, bzw. waren zu wenig informiert über die Details, auf die es eigentlich ankam.

Immerhin sind an drei verschiedenen Stellen im Bereich der Glasöfen Anomalien registriert worden, die auf metallische Objekte im Untergrund schliessen lassen. Mehrfachmessungen mit unterschiedlichen Messverfahren verliefen dort positiv. An einer der Stellen waren diese sogar derartig signifikant, dass die beteiligten Studenten, die sich sonst durchweg außerordentlich zurückhaltend über mögliche Interpretationen ihrer Messergebnisse äußerten, sogar sicher meinten, dass dort eine metallische Masse mit einem Durchmesser von etwa einem Meter, weniger als zwei Meter tief, im Boden verborgen liegt. Das Signal war dort so stark und klar, dass ihrer Meinung nach kaum ein Zweifel bestehen kann.

Für das vergleichsweise magere Resultat unserer Vermessungen wäre jedoch auch noch eine weitere Erklärung denkbar. Geht man einmal davon aus, dass Jeans Angaben grundsätzlich zutreffend sind, dann wäre das gleichbedeutend damit, dass die Basis zumindest bis in die 1990er Jahre hinein besetzt und in irgendeiner Art und Weise aktiv gewesen ist. Jean beschrieb Lilor, den Kommandanten, als menschenähnlich. Er unterschied sich genau genommen äußerlich überhaupt nicht von einem Menschen. Wie auch immer, eine fremdartige Intelligenz würde demzufolge die Basis steuern und überwachen. Und falls das zutrifft, dann wäre es nicht weiter verwunderlich, wenn die Anlage über wirksamen Schutz vor zu viel unerwünschter Neugierde verfügen würde.

Aus eigenem Erleben kann ich jedoch eine Episode beisteuern, die mit den rätselhaften Maschinengeräuschen zu tun haben könnte. Im Oktober/November 2008 vernahm ich am frühen

Abend ein Geräusch, welches sich ungefähr so anhörte, als würde in einiger Entfernung vom Haus Technomusik abgespielt, von der nur die tiefen Frequenzen eines Subbasses deutlich zu vernehmen waren. Ich warf deswegen sogar einen Blick aus dem Fenster, um nachzusehen, ob draußen, auf dem Parkplatz, eventuell ein Auto oder Wohnmobil stehen würde, was jedoch nicht der Fall war. Doch machte ich mir weiter keine Gedanken und beachtete die Angelegenheit nicht weiter – bis ich, spät in der Nacht, als ich noch am PC saß, dasselbe Geräusch wieder vernahm. Dieses Mal aber vergleichsweise lauter und noch deutlicher als am Nachmittag. In der Meinung, Yannick P., der zu dieser Zeit mit seiner Lebensgefährtin das kleine Nebengebäude bewohnte, würde vielleicht noch ein Video anschauen oder Musik hören, öffnete ich mein Fenster. Doch aus dem Nebengebäude drang überhaupt kein Geräusch. In dem Haus war alles ruhig – es muss gegen 1.00 Uhr in der Nacht gewesen sein – und die Geräuschquelle schien weiter unten, im Tal, zu liegen. Mit anderen Worten, die Quelle könnte sich sogar bei den „Glasöfen" befunden haben. Trotzdem fragte ich Yannick am darauffolgenden Tag, ob er in der Nacht Musik gehört oder TV eingeschaltet hatte. Hatte er nicht. Und wie sich herausstellte, wollte er mich seinerseits fragen, ob ich laute Musik angehört hätte, denn er und seine Freundin hatten das Geräusch ebenfalls vernommen.

Yannick war bereits seit Anfang der 1990er Jahre Bewohner des kleinen Hauses. Er war über viele Jahre hinweg mit Jean befreundet, ist über die Vorgänge an der Sals bestens informiert und kennt zahlreiche seltsame Ereignisse aus eigenem Erleben bzw. Miterleben. Eigenartigerweise reagiert er in solchen Situationen ängstlich. So auch in der besagten Nacht, in der er sich, wie er sagte, nicht getraut hätte, hinaus zu gehen, während das Geräusch zu vernehmen war. Ich bin zwar auch in meinem Zimmer geblieben, doch aus purer Bequemlichkeit. Diesbezügliche Warnungen habe ich jedoch auch schon wiederholt von anderer Seite zu hören bekommen – von Renée, von Jeans Sohn Eddy oder auch von Cécilia, einer anderen engen Freundin von Jean, die früher für einige Jahre mit an der Sals lebte.

Renée kommt immer wieder auf einen ganz bestimmten Vorfall zu sprechen, unter dessen Eindruck sie damals noch immer zu stehen schien. Eines Abends, an den genauen Zeitpunkt konnte sie sich nicht mehr erinnern, vernahm sie gemeinsam mit Jean einen heftigen, anhaltenden Tumult, der sich vor der Toreinfahrt abzuspielen schien. Es war vor allen Dingen das Gebrüll der Tiere, draußen auf der Weide, welches die Menschen im Haus arlamierte. Jean lief als Erster aus dem Haus, um nach der Ursache des Aufruhrs zu forschen. Als Renée kurze Zeit nach ihm aus der Haustür trat, stand Jean bereits vorn, am Tor, völlig in ein blendend weißes Licht getaucht, das ihn nicht nur umgab, sondern auch durch ihn hindurch zu strahlen schien. Jean rief ihr zu, sie sollte schnellstens wieder ins Haus zurückgehen, es bestünde große Gefahr für sie. Für ihn vermutlich weniger, denn er kam später unversehrt zurück. Über die Ursache dieses Lichts, seine Quelle, seine Beschaffenheit und seine Ursache, konnten sie nichts Näheres in Erfahrung bringen. Jedenfalls wusste Renée offenbar nicht mehr darüber.

Ich selbst habe jedoch etwas Ähnliches erlebt, als ich spät abends mit dem Auto auf dem Heimweg an die Sals war. Am Mittag hatte ich mich auf den Weg gemacht und bemerkte auf dem neu angelegten Parkplatz zwei Fahrzeuge der ONF[5]. Die neue Piste, die jetzt am Haus vorbei, zu der Ruine verläuft und der Parkplatz waren gerade erst angelegt worden und Restarbeiten waren noch zu erledigen. Ziemlich weit unten, auf der etwa 1,8 Kilometer langen Piste, welche von der Landstraße aus hinauf zum Haus an der Salsquelle führt, gibt es eine Stelle, von der aus

[5] Office nationale des fôrets

man weit ins Tal hinauf Einblick hat. Man sieht zwar das von Bäumen verdeckte Haus nicht, doch man hat freien Blick zu dem Platz, an dem es steht. Während ich also auf der Piste diese Stelle passierte, sah ich oben, im Tal, alles hell erleuchtet. Ich vermutete, dass auf dem Parkplatz vielleicht noch ein paar sehr dringende Arbeiten zu erledigen seien und dass deshalb dort oben unter Flutlicht gearbeitet würde, wie man das von Baustellen kennt. Hatte aber von Anfang an erhebliche Zweifel, weil so etwas für hiesige Verhältnisse völlig ungewöhnlich ist.

Meine Zweifel bestätigten sich, als ich oben eintraf, lag alles in tiefster Dunkelheit (es muss gegen 23.00 Uhr gewesen sein) und nicht ein einziges Auto stand auf dem Parkplatz. Ich kann mir bis heute nicht erklären, wie es möglich gewesen ist, dass der große Parkplatz gleißend hell erleuchtet war. Die Piste stellt die einzige Zufahrt zum Haus dar. Einem abfahrenden Fahrzeug wäre ich auf der Piste begegnet, oder ich hätte es auf dem Parkplatz antreffen müssen. Auch kommen Autoscheinwerfer als Lichtquelle nicht in Betracht, weil ich deren flache Lichtkegel dicht über dem Boden gar nicht hätte sehen können, allenfalls einen schwachen Widerschein nach oben. Gesehen habe ich jedoch eine enorme Lichtglocke, die sich über das gesamte Areal ausbreitete und ungefähr so hoch reichte wie in die Breite. Renée, der ich am folgenden Tag von meinem Erlebnis erzählte, hatte keinen Zweifel daran, dass ich es mit demselben Lichtphänomen zu tun gehabt haben müßte, dessen Zeuge sie gemeinsam mit Jean Jahre zuvor geworden war.

Insbesondere Lichter und Lichtphänomene scheinen gewissermaßen eine Spezialität des Hauses gewesen zu sein. Im Dezember 2005 erschien in dem französischen Magazin „Sacrée Planet“ (vergleichbar dem deutschen „Magazin 2000“) eine Reportage über die Domaine de la Sals als Teil einer mehrteiligen Serie über den Pic de Bugarach.

Renée und Eddy wurden interviewt und erzählten ausführlich aus ihren eigenen Erinnerungen und gaben ihre Erklärungen ab.

Abb. 20: Der Hof der Domaine de la Sals im Jahr 2012 – ein beschauliches Plätzchen, an dem wir viele interessante Gespräche geführt haben. (Foto: Werner Betz)

Megalithbau oder technisches Artefakt?

von Werner Betz

Inzwischen ist es über zehn Jahre her, seit Udo Vits die Reste eines kleinen Megalith-Ganggrabes in den Pyrenäen, nahe der Sals-Quelle, wieder freigelegt hat. Es befindet sich an einem kleinen Hang und war von Bäumen umgeben, die heute zum größten Teil gefällt sind. Doch das sind nicht die einzigen Veränderungen, die seit damals eingetreten sind bzw. vorgenommen wurden. Als ich im Jahr 2004 zum ersten Mal dort war, war der untere Teil des Baus noch von Erde umgeben und man musste etwa einen halben Meter hinabsteigen, um in den Gang zu gelangen. Nur von dort konnte man durch eine kleine Öffnung in die Kuppel blicken und bereits damals eine Besonderheit erkennen: In der Kuppel der völlig aus Natursteinen errichteten Anlage befand sich ein Einbau aus Ziegelsteinen, eine Art „Zwischendecke“ mit mehreren Löchern, und viele der Steine in der Kuppel waren mit einer grünlichen Glasschicht überzogen. Dieser Umstand führte auch dazu, dass die Anlage inzwischen als „mittelalterlicher Glasofen“ dargestellt wird.

Der Bau wurde in den vergangenen Jahren durch eine Gruppe von Leuten – angeblich unter fachmännischer archäologischer Anleitung – nach und nach freigelegt und nach ihrem Gutdünken „restauriert“. Dabei wurden auch die umstehenden Bäume gefällt und das Gelände begradigt. Inzwischen ist die Anlage sogar überdacht und man hat einen „Gitterkäfig“ rundum gebaut, seitlich davon befinden sich mehrere Schautafeln mit Informationen zur mittelalterlichen Glasherstellung im Allgemeinen und dem „Glasofen“ im Besonderen. Mit dem, was wir vor zehn Jahren hier angetroffen haben, hat das also nicht mehr viel zu tun, doch zum Glück habe ich immer wieder den Zustand und die Entwicklung in Fotos dokumentiert, so dass die vorgenommenen Veränderungen heute gut nachvollziehbar sind.

Abb. 21: Das Bauwerk im Jahr 2013 nach Beendigung der „Restaurierungsarbeiten". (Foto: Werner Betz)

Dass bei der Restaurierung eines halb verfallenen Bauwerks durch Archäologen sich diese oft (oder immer?) durch bereits Bekanntes leiten und inspirieren lassen, ist eine allseits bekannte Tatsache. Doch was hier geschehen ist, ist noch weitaus schlimmer: Die Kuppel wurde im Zuge der „Restaurierung" mit einem Fenster versehen, durch welches der Ofen angeblich bedient wurde. Das ist auch erforderlich, denn durch den Gang wäre eine Bedienung wegen der großen Hitze gar nicht möglich gewesen. Die Glasherstellung im Mittelalter ist gut dokumentiert und auch in Deutschland in mehreren Museen anschaulich dargestellt, zum Beispiel im Waldglasmuseum Gersbach (Schwarzwald). Dort kann man auch gut erkennen und nachvollziehen, dass die Öffnungen der Öfen frei zugänglich sein müssen, der Hitzestau in einem vorgelagerten Gang wäre für einen Menschen nicht zu verkraften. Dabei ist aber auch fraglich, ob durch den Gang eine Möglichkeit bestanden hat, in die Kuppel zu gelangen, denn nach den Angaben von Udo Vits war dieser zur Kuppel hin geschlossen, als er die Anlage wiederentdeckte und mit der Freilegung begann.

Abb. 22: Nach der Restaurierung befand sich 2013 ein Fenster in der Kuppel, das vorher nicht vorhanden war. (Foto: Werner Betz)

Da wir die Anlage wie gesagt schon seit Jahren kennen, wissen wir aber auch, dass das Fenster auf der anderen Seite der Kuppel ursprünglich nicht vorhanden war. Es wurde von den Archäologen in die Wand geschlagen, weil der „Glasofen" ohne dieses nicht betrieben werden kann. Die vorgefundene Konstruktion wurde hier bewusst verfälscht, weil die tatsächlichen Gegebenheiten nicht zur Erklärung der Archäologen passten![6]

Abb. 23: Der obere Teil der Kuppel war im Jahr 2011 völlig abgetragen. Es ist zu erkennen, dass auch die Ränder der Öffnung nach unten völlig mit Glas überzogen sind. (Foto: Werner Betz)

Aber worum handelt es sich bei dem Bauwerk tatsächlich? Die ursprüngliche Konstruktion gleicht am ehesten einer kleinen megalithischen Anlage; die zur Abdeckung des Ganges verwendeten Natursteinquader haben jeweils ein Gewicht von bis zu 700 Kilogramm. Das erste große Rätsel besteht in der Frage, von wem und zu welcher Zeit die „Zwischendecke" in die Kuppel eingezogen wurde, denn diese besteht im Unterschied zum Rest der Anlage

[6] Die gesamte Problematik ist anschaulich dargestellt in einem Video von Udo Vits mit dem Titel „Ofensetzerträume" auf youtube: https://www.youtube.com/watch?v=DUDw8AEGoaQ

aus Ziegelsteinen. Es ist immer noch ungeklärt, ob diese bereits bei der Errichtung des Baus vorhanden war. Die Tatsache, dass diese Zwischendecke neun Löcher aufweist, könnte ein Hinweis darauf sein, dass hier eine Luftzirkulation erforderlich war, also dass es sich um eine Art „Ofen“ gehandelt haben könnte.

Abb. 24: Autor Werner Betz beim Vermessen und Anfertigen von Zeichnungen im Jahr 2010, nachdem die Anlage durch die Archäologen bereits freigelegt war. (Foto: Elke Straßburger)

Von den Steinbrocken mit der Glasschicht hatten wir bereits vor einigen Jahren aus dem Schutt-Abraum, der beim Freilegen des Bauwerks angefallen war, Proben sicherstellen können. So konnte im Jahr 2009 in einem Institut eine mineralogische Untersuchung des Glases vorgenommen werden, die wir bereits im Jahr 2010 einem kleinen Kreis Interessierter vorstellen konnten. Diese kam zu einem völlig überraschenden Ergebnis, welches bis heute nicht erklärbar ist. Hier ein Auszug aus der Zusammenfassung von Dr. Wolfgang Bockelmann über die wichtigsten Erkenntnisse der Analyse:[7]

„Die chemische Analyse der Glasphase ergab eindeutig, dass es sich beim Glas nicht um ein konventionelles Glas handelt. Beweis dafür ist das völlige Fehlen des Elements Calcium und das fast völlig Fehlen des Elements Natrium (beides Hauptbestandteile des sogenannten „Fensterglases"), damit kommt ein neuzeitlicher Ursprung für das Glas nicht in Frage.

Die glasartige Beschaffenheit der Probe und die Analyse ergeben zwingend die Folgerung, dass die Probe einer sehr hohen Temperatur ausgesetzt sein muss (mindestens 2.000° C, eher 2.500° C), da Material dieser Zusammensetzung erst oberhalb 2.000° C zu einem klaren Glas aufschmilzt.

Das weitgehende Fehlen von Kristallen in der Glasphase ist ein Indiz dafür, dass nach der Glasbildung eine extrem schnelle Abkühlung erfolgt sein muss, d. h. eine Abkühlungsrate von mehr als 100° C pro Sekunde, zumindest bis zu einer Temperatur von ca. 500° C."

Die Analyse kommt also eindeutig zu dem Ergebnis, dass wir es hier mit einem Glas zu tun haben, welches mit Hilfe sehr hoher Temperatur (> 2.000° C) auf dem felsigen Untergrund (wahrscheinlich Sandstein) erzeugt wurde. Modernes Glas kann mit großer Sicherheit ausgeschlossen werden; ebenso die Entstehung durch natürliche Prozesse wie Brand, Vulkanismus oder ähnliche. Mittelalterliche Glasherstellung – so wie sie uns heute vor Ort „vorgespielt" wird – scheidet nicht nur aufgrund der bereits beschriebenen Bauweise des „Ofens" aus, sondern auch deshalb, weil mit den im Mittelalter verwendeten Feuerungsmethoden nur

---

[7] Weitere Details zur Analyse des Glases sind veröffentlicht in: Rätsel des verglasten „Ganggrabes" von Manfred Greifzu, NIBE Verlag 2017

Temperaturen von etwa 1.100° bis 1.300° C erreicht wurden. Temperaturen von 2.000° C und mehr erzeugt man heutzutage mit erst viel später erfundenen Techniken und Geräten wie z. B. Schweißbrennern oder Lichtbogenöfen.

Abb. 25: Nach der Freilegung war im Jahr 2010 im oberen Bereich der Kuppel der Umfang der Verglasung des Mauerwerks gut zu erkennen. (Foto: Werner Betz)

Trotz oder gerade wegen der vorliegenden wissenschaftlichen Analyse ist das Rätsel um die Entstehung der Verglasungen in dem kleinen Megalith-Bauwerk immer noch völlig ungeklärt. Es sind nach wie vor nur Spekulationen möglich, weil die nicht von der Hand zu weisenden Fakten, insbesondere die vorliegenden Glasproben, deren Entstehung ohne Anwendung einer fortgeschrittenen Technologie undenkbar erscheinen lassen.

Wir waren in den vergangenen zehn Jahren jährlich vor Ort und haben immer wieder gerätselt und gestaunt. Bereits in einem Vortrag 2006 in Erfurt hatte ich die Möglichkeit eines „Kraftwerks" in Betracht gezogen. Dabei handelte es sich natürlich um reine Spekulation, denn die vorliegenden Funde lassen die Rekonstruktion einer technischen Anlage nicht zu. Untersuchungen des umliegenden Geländes mit Hilfe eines Geigerzählers waren negativ, ich konnte keinerlei Spuren einer erhöhten Radioaktivität feststellen. Damit war also auch Vermutungen, dass eine uns bekannte Art der Kernenergie im Spiel gewesen sein könnte, die Grundlage entzogen.

Zu einer neuen Erkenntnis, die uns der Erklärung vielleicht ein Stück näher bringen kann, gelangten wir erst bei unserem Besuch im Mai 2012. Wir waren ausgestattet mit einem Notebook, an welches über den Soundkarten-Eingang eine hochwertige Spule zum Empfang elektromagnetischer Wellen angeschlossen wird. Die Aufzeichnung und Auswertung der Signale erfolgt über eine Software, die ursprünglich zur Analyse akustischer Geräte entwickelt wurde, uns jedoch bei unseren Untersuchungen gute Dienste leistet, weil sich unser Hauptaugenmerk auf Signale im äußerst niederfrequenten Wellenbereich richtet und damit die Frequenzen im Bereich hörbarer akustischer Signale liegen. Hauptgegenstand unserer Untersuchungen war ursprünglich die Frage, ob hinter geomantischen Kräften, die sich zum Beispiel an alten Kultorten zu konzentrieren scheinen und die von Rutengängern mit der

Wünschelrute aufgespürt werden können, eine physikalische Kraft steckt, die mit Hilfe eines Messgerätes nachweisbar ist.

Da wir auf der Suche nach einer Kraft waren, von der wir weder den Ursprung kennen noch wissen welcher Art sie überhaupt ist, suchten wir zu dem Zeitpunkt noch nach einer Hilfsgröße. Wir wollten eine bekannte physikalische Kraft dahingehend untersuchen, ob an diesen Orten eine messbare Beeinflussung erkennbar ist. Diese Größe hatten wir in der Form der oben genannten Wellen im niederfrequenten Bereich bis etwa 30 kHz gefunden, es sind die so genannten Längstwellen (VLF). Sie sind unterschiedlichen Ursprungs, unter anderem gibt es Funkwellen in diesem Bereich, der hauptsächlich noch militärisch genutzt wird. Im Gegensatz zu kurzen und extrem kurzen Wellen haben diese eine sehr große Reichweite, lassen sich jedoch auch leicht durch Störfaktoren beeinflussen – eine Eigenschaft, von der wir hofften, dass sie uns nutzen könnte.[8]

Dabei hatten wir bereits festgestellt, dass wir mit unserer Antenne nicht nur Funksignale empfingen, sondern dass sich auch Störungen durch elektrische Anlagen in unmittelbarer Nähe der Antenne bemerkbar machten. So waren z. B. auf dem Monitor kurze Signale über einen breiteren Frequenzbereich sichtbar, wenn im Abstand von einigen Metern ein elektrisches Relais geschaltet wurde. Das ist nicht verwunderlich, denn wer die Funktionsweise eines solchen Relais kennt, weiß dass es zwangsweise bei Betätigung ein elektromagnetisches Signal aussenden muss. Diese „Störungen" hatten wir bereits getestet und berücksichtigten diese selbstverständlich bei unseren Messungen und Untersuchungen. Unsere Erkenntnisse hinsichtlich der Energien, die an Kraftorten wirken, waren zu diesem Zeitpunkt im Mai 2012 noch nicht sehr weit fortgeschritten. Daher ließen wir keinen

[8] Werner Betz: Kräfte aus dem Nichts? Ancient Mail Verlag, Groß-Gerau, 2018

Platz aus, der uns in irgendeiner Hinsicht ungewöhnlich erschien, um dort Vergleichsmessungen vorzunehmen.

Also hatten wir auch Notebook und Spule im Gepäck, als wir „unserem“ kleinen Megalith-Bau den obligatorischen Besuch abstatteten, auf den wir noch bei keiner unserer Pyrenäen-Touren verzichtet hatten. Wir waren recht sicher, dort neutrale und objektive Vergleichswerte messen zu können, denn elektrische Anlagen, die unsere Messungen stören könnten, waren weit und breit nicht vorhanden. Das nächste Bauwerk ist die Domaine de la Sals, direkt bei der Salsquelle. Dort gibt es ein Windrad zur Stromerzeugung und einen kleinen Generator, doch da wir direkt von der Domaine kamen, wussten wir, dass beide zu diesem Zeitpunkt nicht in Betrieb waren. Also sollte störungsfreien Messungen nichts im Wege stehen.

Zuvor hatten wir im Hauptgebäude der Domaine die Feststellung machen müssen, dass dort empfangene VLF-Wellen mitten im Raum plötzlich ihre Richtung ändern, was uns in der Annahme bestärkte, dass hier eine Energie wirkt, die in der Lage ist, diese Wellen zu beeinflussen. Umso mehr waren wir jetzt gespannt, ob wir dort oben am Megalith-Bau einen ähnlichen Effekt vorfinden würden. Doch Fehlanzeige, unsere Messungen zeigten keine bemerkenswerte Ablenkung der bekannten Längstwellen-Signale.

Dafür war eine andere Besonderheit sehr auffällig. Je näher wir die Antenne an dem Megalith-Bauwerk platzierten, umso mehr Signale zeigten sich, die wir zunächst als Störung einordneten. Dabei handelte es sich um die zuvor beschriebenen kurzen Impulse, die sich über einen breiteren Frequenzbereich erstrecken. Auf dem Monitor waren diese als helle Querstreifen in kurzen Abständen sichtbar. Wie wir später bei der Auswertung feststellten, waren solche Impulse bereits bei den Messungen im „Salon“ der Domaine aufgetreten, jedoch nicht in dieser Häufigkeit. Aber auch im Salon waren Störungen auszuschließen, weil ja bekanntlich weder der Generator noch das Windrad in Betrieb waren. Hier oben auf der Waldlichtung kam keinerlei Störung durch elektrische Anlagen in Betracht, weil es weit und breit keine solchen gab. Ein Ergebnis, für das wir keine Erklärung hatten.

Als wir nach unserer Exkursion zur Domaine zurückkamen, saßen wir noch eine Zeit lang im Garten und ließen uns von der Sonne verwöhnen. Da stieß Yannick, der Präsident der Gesellschaft „Les amis de la Salz“ zu uns und wir berichteten über unsere Aktivitäten. Als er hörte, dass wir an dem „Glasofen“ gemessen hatten, fragte er sofort – ohne zu wissen, welcher Art unsere Messungen überhaupt waren – ob wir auch die pulsierende Energie gemessen hätten.

Das ließ uns aufhorchen und wir hakten nach, welche Energie er wohl meinen würde. Da erklärte er uns, dass im vergangenen Jahr jemand mit ihm bei dem „Ofen“ war, der die Kunst des Remote Viewing, also der Fernwahrnehmung beherrschte. Dieser Mann habe mit Hilfe seiner Wahrnehmung festgestellt, dass hier eine Energie pulsiert. Remote Viewing wird zum Bereich der Parapsychologie gerechnet und die Ergebnisse werden außersinnlicher Wahrnehmung zugeordnet, was natürlich aus wissenschaftlicher Sicht äußerst umstritten ist bzw. abgelehnt wird, da man davon ausgeht, dass so genannte Psi-Effekte nicht beliebig reproduzierbar bzw. praktisch anwendbar sind.

Unsere Messung bestätigte aber – reproduzierbar und nachprüfbar – dass unmittelbar bei dem Bauwerk, dessen Funktion uns solche großen Rätsel aufgibt, unsere Antenne von elektromagnetischen Impulsen induziert wird, die in ihrer Intensität mit Impulsen vergleichbar sind, welche in der Nähe eines 220 V-Relais im Moment der Schaltung gemessen werden können. Alleine diese Tatsache schafft Raum für neue Überlegungen, die unsere kühnsten bisherigen Spekulationen noch übertreffen könnten.

Sind die Impulse, die dort in der Abgeschiedenheit auftreten, kilometerweit weg von den nächsten Stromleitungen und elektrischen Anlangen, auf ein physikalisches Phänomen im Untergrund der Berge zurück zu führen? Oder haben sie gar etwas mit der so genannten „Freien Energie“ zu tun?

Seit Nicola Tesla, dem man auch nachsagt, dass er elektrische Energie aus dem Nichts schöpfte, jagen viele dem Phänomen hinterher, doch in der Wissenschaft ist es heftig umstritten und ihre Existenz wird zumeist abgelehnt. Da es aber hier offenbar Energien gibt, ist die Frage, ob diese – wie Dr. Hermann Wild, ein schweizer Physiker, dessen Bücher „Die vergessene Energie“[9] und „Auf dem Weg zur unerschöpflichen Energie“[10] ich vor einigen Jahren verlegt hatte – vermutet, aus dem Kosmos, oder hat sie in der Erde ihren Ursprung? Wenn es sie aber gibt und wir eine Nutzbarmachung dieser Energie nicht ausschließen, so wäre die Idee eines Kollektors für solche Energie zumindest der Ansatz einer Erklärung für die Vorgänge in dem kleinen Megalith-Bau, die eine solch immense Hitzeentwicklung zur Folge hatten.

Der Gedanke liegt nahe, doch dabei müssen wir uns eines vor Augen halten: Der Kollektor – wir können ihn in Folge der Unkenntnis über seine Funktionsweise auch „Ofen“ oder „Kraftwerk“ nennen – war nicht zu Teslas Zeiten in Betrieb, sondern lange vorher. Wir wissen nicht, ob es die Megalith-Baumeister persönlich waren, die vor 2.500 Jahren oder noch früher diese energietechnische Meisterleistung vollbrachten. Sofern sie es nicht waren, sondern das Bauwerk erst später umfunktioniert wurde, so hätten sie es doch exakt an der richtigen Stelle errichtet. Das kann man als außergewöhnlichen Zufall werten, doch ich halte es in dem Fall für wahrscheinlicher, dass den Menschen der

---

[9] Dr. Wild, Hermann: Die vergessene Energie, Ancient Mail Verlag, Groß-Gerau 2003

[10] Dr. Wild, Hermann: Auf dem Weg zur unerschöpflichen Energie, Ancient Mail Verlag, Groß-Gerau 2004

verschiedenen, zeitlich aufeinander folgenden Kulturen immer wieder die Bedeutung dieses Platzes bekannt war.

Abb. 26: Die Ruinen des „Wachpostens“ oberhalb des Gebäudes der Domaine de la Sals, auch häufig als „Komturei“ bezeichnet. (Foto: Werner Betz)

Das ist nicht ungewöhnlich, „Kraftorte“ wurden in unzähligen Fällen über die Zeiten hinweg immer wieder genutzt. An Stätten uralter vorchristlicher Kult- und Versammlungsorte wurden christliche Kirchen und Kathedralen errichtet, unter Kapellen finden wir keltische Quellheiligtümer oder Dolmen. Wen wundert es also, dass es immer wieder Menschen an den abgeschieden gelegenen Platz der Sals-Quelle zog. Die Megalithiker – die römischen Besatzer – und nicht zuletzt die Templer, die den mineralischen Wert des sehr salzhaltigen Quellwassers erkannt hatten und daraus ihren Nutzen zogen. Nahmen sie nur aus wirtschaftlichem Interesse von dem Ort Besitz, oder wussten sie alle von den energetischen Besonderheiten des etwas abseits gelegenen Platzes. Doch wer in dieser Reihe entwickelte die technische Perfektion, die vorhandene Energie in der Art zu nutzen, dass die dabei entstandenen Temperaturen die Steine in dem „Ofen“ zum Schmelzen brachten?

Einen neuen Ansatz zur Klärung der Frage nach dem Zweck der Hitzeerzeugung bieten inzwischen die Forschungen von Dr. Hermann Burgard.

Nochmals zur Erinnerung: In der Analyse wird bestätigt, dass hier der Stein bei einer Temperatur von ca. 2.000° bis 2.500° C geschmolzen ist, danach schnell abgekühlt sein muss und daher die Verglasung entstanden ist. Was ist hier geschehen? Es gibt keine Erklärung dafür! – Oder doch?

Eine Erklärung (noch) nicht, aber vielleicht eine Idee? Ich habe inzwischen drei Bücher für Dr. Hermann Burgard verlegt, der Erstaunliches herausgefunden hat.

Er hat Sumerologie studiert und dann alte sumerische Keilschrifttexte, und zwar die „Tempelhymnen der Encheduanna“, neu übersetzt. Dabei hat er festgestellt, dass das gar keine Gebete oder Tempelhymnen sind – sondern dass diese Texte bei wörtlicher Übersetzung (also ohne jeglichen religiösen „Interpretationen“, wie sie die Übersetzer vergangener Zeiten vorgenommen haben) technische Beschreibungen beinhalten, und zwar sehr konkrete Beschreibungen.[11]

Hier wird zum Beispiel erklärt, wie Karbid hergestellt wird. Und Karbid benötigte man offenbar zur Erzeugung von Acetylen

---

[11] Dr. Burgard, Hermann: Encheduanna – Geheime Offenbarungen, Ancient Mail Verlag, Groß-Gerau 2012 und Dr. Burgard, Hermann: Encheduanna – Verschlüsselt, verschollen, verkannt, Ancient Mail Verlag, Groß-Gerau 2014

als Treibstoff – nach diesen Texten ein Treibstoff auch für Raketen, denn beschrieben werden Fluggeräte, die von der Erde aus starten.

Abb. 27: Der Blick in die Kuppel mit der Zwischendecke war im Jahr 2008 nur aus dem Gang heraus möglich. Stehen wir hier in den Überresten einer technischen Anlage aus einer unbekannten Zeit? (Foto: Werner Betz)

Natürlich wurde Dr. Burgard angegriffen. Man sagte, das sei Blödsinn und für die Karbidherstellung seien hohe Temperaturen erforderlich. Die hätte man im Altertum nicht erzeugen können.

Aber man konnte es – den Beweis haben Sie gerade ein paar Seiten zuvor gelesen.

Aufgrund dieser Diskussion habe ich ein wenig recherchiert und festgestellt: Acetylen (= Ethin) benötigt zur Herstellung Temperaturen von mindestens 2.000° C. Nach der Pyrolyse wird das entstandene Gasgemisch schnell unter 200° C abgekühlt. Man muss die chemischen Abläufe nicht verstehen, um eines zu bemerken: Temperaturen von über 2.000° C – und eine darauffolgende schnelle Abkühlung. Das ist genau das, was die Analyse besagt, was in dem „Glasofen“ an der Sals geschehen sein muss.

Haben wir es mit den Überresten einer uns unbekannten technischen Anlage zu tun? Wir wissen nicht, wann diese in Betrieb war – vor 1.000, 2.000 oder vor 4.000 Jahren? Wir wissen auch nicht, wie die hohen Temperaturen erzeugt wurden. Wurde hier möglicherweise in antiker Zeit Raketenbrennstoff hergestellt?

Die Kraft im Rayon Verte

von Udo Vits

Einen Schwerpunkt der Forschungen von Werner Betz und Sonja Ampssler bilden bekanntlich die Rätsel und Geheimnisse um die Domaine de la Sals. Seitdem Werner mich vor etwa 15 Jahren zum ersten Mal dort besuchte, sind unsere gemeinsamen jährlichen Exkursionen zu einer Tradition geworden, auf die wir nicht mehr verzichten wollen. Und wie auf allen ihren Forschungsreisen und Exkursionen zu den historischen Stätten alter Kulturen suchen die beiden an der Salsquelle nach neuen Erkenntnissen und stoßen dabei immer wieder auf Indizien und Evidenzen dafür, dass die Geschichte der Menschheit in einigen Punkten anders verlaufen ist als es den gängigen Lehrmeinungen der universitären Forschung entspricht.

So waren wir auch im Juni des Jahres 2016 erneut gemeinsam unterwegs, wobei wir unsere Kreise dieses Mal in einem größeren Radius um die Salsquelle zogen als üblicherweise. Unter anderem hatte ich eine Exkursion zu der alten Kapelle von Saint-Salvayre, in den Bergen oberhalb von Alet-les-Bains vorgeschlagen.

Eine nähere Beschäftigung mit der Geschichte von Alet-les-Bains, mit dem Saint-Salvayre als Sommersitz der Bischöfe und als Vorratsspeicher für Getreide eng verbunden gewesen ist, gäbe weiteren Aufschluss über die Geheimnisse von Saint-Salvayre. Hier soll das jetzt nicht weiter vertieft werden, da es mir mit diesen Ausführungen in erster Linie darum geht, zu verdeutlichen, warum ich die alte Kapelle von Saint-Salvayre als Forschungsobjekt vorgeschlagen hatte, zumal mich im Verlauf der vergangenen Jahre auch andere Spuren wiederholt an diesen Ort geführt hatten.

Abb. 28: Werner Betz und Sonja Ampssler bei Messungen in Saint-Salvayre. (Foto: Udo Vits)

Abb. 29: Pierre Droite, Menhir von St.-Salvayre. (Foto: Udo Vits)

Abb. 30: Werner Betz bei der Erkundung von Saint-Salvayre. (Foto: Udo Vits)

Wie sich bald zeigte, hatte ich eine gute Wahl getroffen, als ich Saint-Salvayre vorschlug. Werners Computer registrierte kräftige und deutliche Signale, wie er sie zuvor nur an besonderen Orten empfangen hatte. Diese zeigten eine Kreuzung von Kraftlinien, die sich außerhalb der Kirche fortsetzten und auch radiästhetisch mit der Rute feststellbar waren. Ich vermutete nun, dass „Pierre Droite“, der Menhir außerhalb des Ortes, in einer Verbindung zu den Kraftlinien an der Kirche steht und machte Werner auf diesen eigenartigen „Zufall“ aufmerksam. Bei einem ersten Vergleich mit der IGN-Karte zog ich eine entsprechende Linie, die jedoch noch keine weiteren Rückschlüsse zuließ.[12]

[12] Aus urheberrechtlichen Gründen dürfen leider die IGN-Karten hier nicht abgedruckt werden. Wir haben diese daher soweit möglich durch Google Earth Aufnahmen ersetzt, um den Verlauf der Linien anschaulich zu machen.

Abb. 31: Die Kapelle Saint-Salvayre in der Form eines Kreuzes mit vier symmetrischen Armen, die ihren Ursprung im 12. Jahrhundert hat. (Foto: Werner Betz)

Abb. 32: Detailaufnahme einer der Skulpturen unter dem Dachsims von Saint-Salvayre. (Foto: Werner Betz)

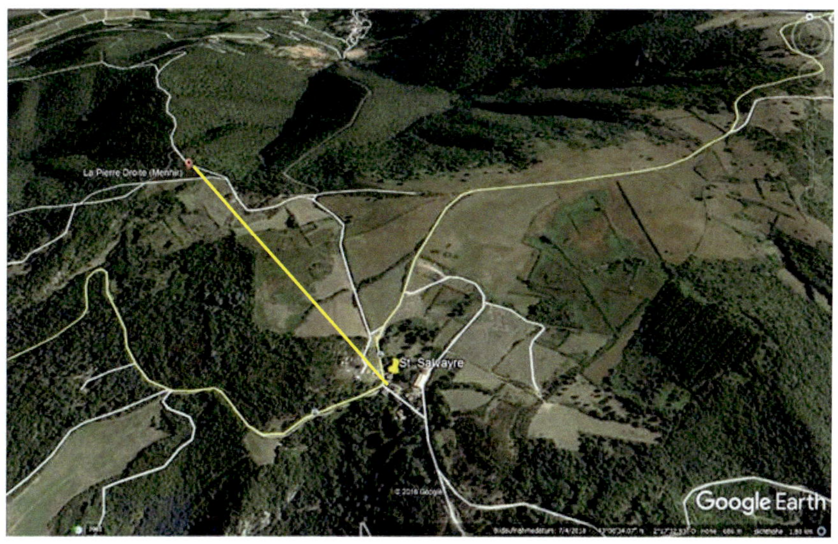

Abb. 33: Verlauf der „Kraftlinie“ von der Kapelle zum Menhir.[13]

Nach Werners und Sonjas Abreise machte ich mich umgehend daran, die Sache genauer zu überprüfen, als es uns abends, nach der Exkursion, im Hotel möglich gewesen war. Und nun reihte sich ein „Zufall“ an den anderen. Zuerst einmal bestätigte sich das bisherige Resultat völlig exakt. Als ich aber daran ging, die „Kraftlinie“ in ihrem Verlauf in die entgegengesetzte Richtung weiter zu verfolgen, stellte ich fest, dass die Linie genau auf „Pierre Dressé“, den Menhir bei Les Pontils trifft. Jetzt konnte von „Zufall“ eigentlich kaum noch die Rede sein. Zwar verfehlt meine Linie den Menhir um geschätzte hundert Meter. Doch die Ursache wird wahrscheinlich in der groben Methode zu suchen sein, mit der ich mich auf geoportail.fr behelfen musste.

Von meinem positiven Resultat ermutigt, packte mich die Neugierde und ich verlängerte die Linie noch weiter, über den

[13] Quelle: Google Earth, © 2018 Google

Menhir hinaus. Doch als ich bemerkte, wohin mich diese Reise auf der Landkarte führte, stellte sich ein geradezu unheimliches Gefühl ein. Denn die Linie traf zielgenau auf die Salsquelle. Wenn ich schon zuvor, beim „Pierre Dressé“ nicht mehr an Zufall glauben wollte, dann wurde es aber jetzt, an der Quelle, allmählich zur Gewissheit – wir waren auf eine bedeutsame Sache gestoßen. Trotzdem will ich jetzt und hier gar nicht erst den Versuch unternehmen, das vorläufige Ergebnis zu interpretieren. Fest steht bis jetzt lediglich, dass die vier genannten Objekte oder Plätze miteinander durch eine schnurgerade Linie verbunden sind. Eine Linie, die in ihrem Verlauf durch die Kapelle, auf diesem Abschnitt, als Kraftlinie, oder mit anderen Worten offenbar eine sogenannte Leyline, physikalisch messbar und in ihrem Richtungsverlauf bestimmt worden ist.

Angemerkt sei an der Stelle lediglich noch, dass die Linie in NW-Richtung verlängert, also in Richtung Limoux, zusätzlich noch die äußerst auffällige Kirche Notre-Dame-du-Marceille tangiert.

Ich erwähnte bereits das „unheimliche“ Gefühl, welches sich bei mir einstellte, als ich die „Kraftlinie“ in ihrem Verlauf verfolgte und dabei registrierte, wie viele markante Plätze sie verbindet. Ich kenne diese Orte gut und bin mit dem einen und dem anderen selbst durch eigene Erlebnisse verbunden. Nun berührt die besagte Linie aber auch noch einen weiteren Platz, den ich bisher gar nicht erwähnte. Zwischen „Pierre Dressé“ und der Salsquelle trifft die Linie in der Gorge de Bézis exakt jene Stelle, an der ich, im Sommer 2002, mit meinem alten Bus campte und nachts eines meiner eindrücklichsten, rätselhaftesten und unheimlichsten Erlebnisse hatte. Oft schon erzählte ich von dieser Episode und erwähnte dabei zumeist auch die Position, an der ich mich damals aufhielt, nämlich bei der Ruine von Bézis de Bas.

Ich lebte damals für ungefähr eineinhalb Jahre in meinem alten Wohnmobil. Deutschland hatte ich verlassen und war zu einer Reise nach Rennes-le-Château aufgebrochen. Zu einer Expedition, wenn man so will. Zu einer Expedition, auf der ich mich immer noch befinde. Ich lebte also in den ersten zwei Jahren inmitten der geheimnisumwitterten Plätze, von denen ich zuvor nur gelesen und gehört hatte, aber auch an Orten, die aus unterschiedlichen Gründen weniger bekannt und kaum besucht sind.

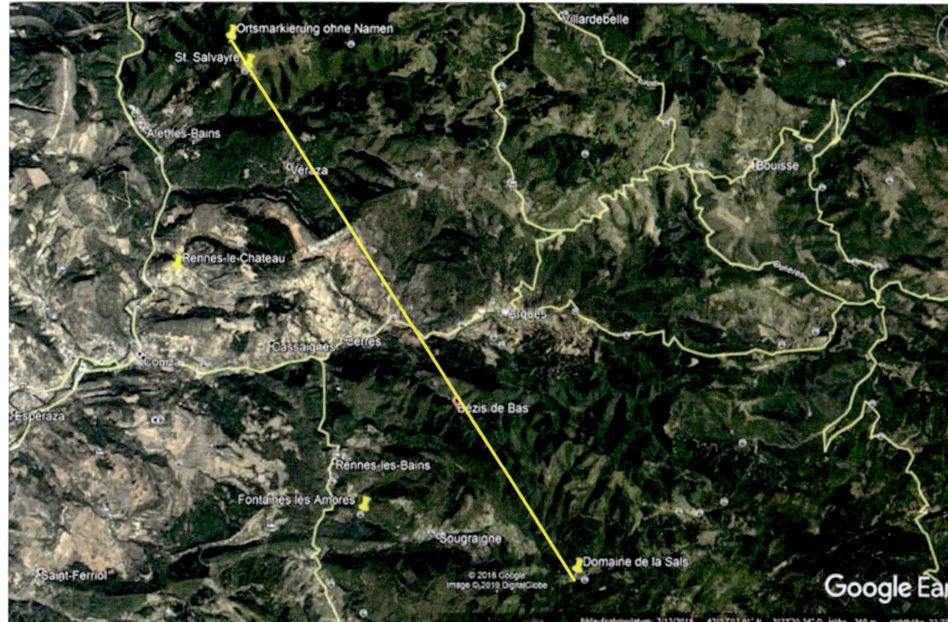

Abb. 34: Gesamtverlauf der „Kraftline" zwischen dem Menhir von St-Salvayre über Bézis de Bas bis zur Salsquelle.[14]

Im Sommer 2002 machte ich einen Abstecher nach Arques. Bei der Gelegenheit sah ich mir bei Pontils auch die Stelle an, auf der

[14] Quelle: Google Earth, © 2018 Google, Image © 2019 Digital Globe

sich früher das Grab befunden hat, welches in der Rennes-le-Château-Saga eine so wichtige Rolle spielt. Meiner Meinung nach zu Unrecht, denn die Landschaft im Hintergrund unterscheidet sich deutlich von der auf dem Poussin-Gemälde. Die Hirten von Arkadien stehen zwar vor einem Grabmal, welches dem von Pontils geähnelt haben mag, doch alles zusammen, Grabmal und Hirten, stehen in einer anderen Landschaft – bestimmt nicht bei Pontils. Aber dafür erregte der reale Hintergrund, die Bergkulisse im Südosten, hinter dem Grabhügel, meine Neugierde. Besonders jene Felsformation, welche den Eingang in eine große Schlucht flankiert und die auf der IGN-Karte als Les Toustounes markiert ist. Laut Karte führt eine Forstpiste unterhalb dieser Felsformation in die Schlucht. Ich beschloss, mir die Schlucht anzusehen, wenn möglich mit dem Bus hinein zu fahren, um mich für ein paar Tage dort aufzuhalten.

Direkt an der Stelle, welche auf der IGN-Karte (IGN 2347 OT Quillan) als „La Bézis de Bas“ markiert ist, stellte ich nachmittags mein Wohnmobil ab und unternahm ein paar kleine Exkursionen, bei denen mir zunächst nichts Bemerkenswertes auffiel. Das sollte sich später erst ändern, als ich weiter in die Schlucht vordrang. An dem besagten Tag beschloss ich, an dem gewählten Platz die Nacht zu verbringen.

Mir erschien nichts ungewöhnlich und als der Abend hereinbrach, deutete absolut nichts auf die kommenden Ereignisse hin. Zu vorgerückter Stunde hatte ich es mir, wie üblich, auf dem Fahrersitz gemütlich gemacht, hörte Radio, trank meinen Tee und betrachtete entspannt den vor mir liegenden Bereich des Tales. Es war eine mondhelle Nacht, in der ich meine Umgebung gut erkennen konnte.

Es muss gegen Mitternacht gewesen sein, als ich kleine weiße Lichter bemerkte, die in einiger Entfernung vor meinem Bus quer über die Piste zu huschen schienen. Sie waren mit Funken vergleichbar, wie man sie an einem Lagerfeuer beobachten kann.

Doch im Unterschied zu Feuerfunken folgten sie ihren Bahnen deutlich ruhiger und weiträumiger. Ich sah diese Art kleine Lichter übrigens nicht zum ersten Mal. Es wäre übertrieben, wenn ich behaupten wollte, dass ich den Anblick bereits gewohnt war, aber ich war auch nicht so überrascht wie bei der ersten Beobachtung. Näher als schätzungsweise 20 bis 30 Meter waren diese Lichter meinem Bus zuvor nie gekommen. Doch das änderte sich in der fraglichen Nacht. Die Lichter zogen ihre Bahnen allmählich immer näher in meine Richtung und flogen schließlich sogar neben meinem Bus vorbei. War ich zuvor nur neugierig, so beschlich mich nunmehr ein Gefühl der Unsicherheit. Ich beschloss, lieber darauf zu verzichten, auszusteigen, um mir das Schauspiel aus noch größerer Nähe anzusehen.

Erst Recht, als es plötzlich einen unvermittelten Wechsel in meinem gesamten Gesichtsfeld gab. Als wäre ein Schalter umgelegt worden – ich meine, dass der „Schaltvorgang“ sogar von einem knackenden Geräusch begleitet gewesen sei – sah ich meine Umgebung ungefähr so, als blickte ich durch einen Restlichtverstärker. Ich sah alles in einem grünen phosphoreszierenden Licht. Das Phänomen erstreckte sich über eine Dauer von „gefühlten“ fünf Sekunden, in denen ich wie erstarrt in meinem Sitz verharrte und zu begreifen versuchte, wovon ich gerade Zeuge wurde. Dann registrierte ich die „Rückschaltung“ in der gleichen Weise wie zu Beginn, und ich nahm meine Umgebung wieder in der gewohnten Optik wahr.

Angst verspürte ich im Verlauf dieser wenigen Sekunden nicht, meinte aber, dass eine gewisse Vorsicht bestimmt nicht von Schaden sein könnte und dass ich besser in meinem Bus sitzen bleiben sollte. Hexe, meine Hündin schlief tief und fest neben mir auf dem Beifahrersitz.

Die Vorgänge waren entschieden zu real, als dass ich sie mit halbherzigen Erklärungen als Einbildung, Witterungserscheinung oder dergleichen abtun könnte. Ich suche noch heute nach einer wirklich befriedigenden Erklärung. Erst nachdem ich von Beobachtungen auf der Insel Korsika gelesen hatte, konnte ich mir vorstellen, dass ich in der Gorge de Bézis mit „etwas" in Kontakt kam, das der Forscher Henri Bordeleau mit dem Begriff „Rayon Verte" bezeichnete.

Abb. 35: Unser Auto bei der Exkursion 2017 exakt an der mit „La Bézis de Bas" bezeichneten Stelle in der Schlucht. (Foto: Werner Betz)

Henri Bordeleau verwendete in seinen Büchern den Begriff „Rayon Verte", zu Deutsch „Grüne Zone", für Gebiete in denen auffallend oft UFO-Sichtungen zu verzeichnen sind, welche häufig mit grünen Leuchterscheinungen einhergehen. In diesen Gebieten sollen sich zudem meist große Salzlagerstätten befinden. Bordeleaus beispielhafte Fallsammlung ist beeindruckend und überzeugend. Aufgrund meines eigenen, zuvor geschilderten Erlebnisses gehe ich davon aus, dass der Abschnitt in der Gorge de Bézis, in dem ich mich damals aufhielt, solch ein „Rayon Verte" ist. Ebenso die Umgebung bei der Salsquelle, aber auch der Pic de Bugarach. Möglicherweise liegen alle drei genannten Orte aber gemeinsam in einem einzigen großen Bereich, der insgesamt einen „Grünen Bezirk“ darstellt.

Sollten „Rayon Verte“, UFO und Salz tatsächlich in einem ganz bestimmten Zusammenhang stehen, wofür offenbar manches spricht, dann kann davon ausgegangen werden, dass die „Grüne Zone“ an der Sals, bzw. am Bugarach, mindestens der Fläche entspricht, welche die unterirdische UFO-Basis (gemäß Jean de Rignies) im Untergrund angeblich umfasst. Jeans Angaben zufolge erstreckt sich die UFO-Basis auf eine Länge von etwa 13 Kilometer und eine Breite von etwa 8 Kilometer und die Salsquelle befände sich ziemlich genau im Mittelpunkt über der Basis.

Abb. 36: Der von UFO-Geschichten umrankte Pic de Bugarach. (Foto: Werner Betz)

Könnte der Kanadier Henri Bordeleau in seinem Bemühen, die Ursachen von UFO-Phänomenen zu ergründen, möglicherweise tatsächlich auf einen bedeutsamen Zusammenhang gestoßen sein, als er feststellte, dass UFO-Sichtungen signifikant häufiger aus Gegenden gemeldet werden, in denen sich große Salzlagerstätten befinden?

Es scheint jedenfalls so, als sei eine gewisse Relation zwischen UFO-Erscheinungen und ganz bestimmten mineralischen Lagerstätten auf der Erde zu verzeichnen.

Bordeleau geht in seinem Buch „J'ai percé le mystère des soucoupes volantes" (Edition Nefer, Ontario, 1969) diesen Fragen nach. Unter den vielen Sichtungen, die er berücksichtigt, fällt dabei eine Gruppe besonders auf:

- Grün leuchtende Kugeln
- Leuchtende Dreiecke

Die Objekte aus dieser Gruppe weisen eine regelrechte Affinität zu Salz auf. Es besteht geradezu, so Bordeleau, eine Verbindung mit terrestrischen Salzvorkommen. Auf Seite 223 äußert sich der Autor schließlich über jene Gegenden auf der Erde, in denen das Phänomen am deutlichsten in Erscheinung treten soll:

- Im Quellgebiet des Amazonas,
- im Gebiet der Sargasso-See,
- in den US-Staaten Michigan und Ohio,
- im Süden der Provinz Ontario,
- im Gebiet der Salzlagerstätten von Lorraine, in Frankreich,
- und im Salstal, bei Rennes-le-Château, im Aude[15]

---

[15] Zitat Bordeleau: „En effet, partout où on a observé des concentrations de soucoupes il y a du sel: la tête du fleuve Amazon, la mer des Sargasses, les états du Michigan et de l´Ohio, le sud de la province d´Ontario, les dépots de sel gemme de la Lorraine en France et de la vallé de la Salz, près de Rennes-le-Château dans l'Aude. La présence de sel dans le sous sol de certaines régions coincide toujours avec les atterrissages répétés et prolongés dans ces regions ...!"

Ich bezweifle, dass Jean de Rignies die Arbeit von Henri Bordeleau kannte, oder von dessen Hypothese wusste. Er dürfte von dieser Idee kaum beeinflusst gewesen sein, als er, genau im Zentrum eines der privilegierten Gebiete lebend, in direkten Kontakt mit Außerirdischen geriet.

„Darüber hinaus besteht die Beziehung ‚UFO und Mineralien', wobei das Salz eine wichtige Rolle spielt." Dies ist die Überzeugung des Kanadiers Henri Bordeleau, der in seinem Buch „Ich löste das Geheimnis der fliegenden Untertassen" im Januar 1970 seine diesbezüglichen Erkenntnisse veröffentlichte. Es zeigt auch anlässlich des Vorfalls mit dem Auto und den grünen Dreiecken, dass es mit Salz zu tun hatte! Und ja, die berühmten Dreiecke! Auf Seite 223 sagte Henry Bordeleau: „In der Tat, wo immer es Salzkonzentrationen gibt, kommen Untertassen vor: Der Kopf des Amazonas-Flusses, die Sargasso-See, die Bundesstaaten Michigan und Ohio, die Süd-Provinz Ontario, die Ablagerungen von Steinsalz in Lothringen und das Tal von der Salz, in der Nähe von Rennes-le-Château im Aude. Das Vorhandensein von Salz in den Tiefen steht in einem Bezug zur Häufigkeit und Dauer von Landungen in diesen Bereichen ...!"[16]

Ja, manchmal, und in einigen Bereichen, können wir eine Zunahme der UFO-Sichtungen im Zusammenhang mit der Gewinnung von Salz feststellen, je nach den Bedürfnissen des Augenblicks!

Siehe zum Beispiel den Zeitungsartikel „Die Republikaner" von Essonne von Donnerstag, 16. September 1976 mit dem Titel „Die neue Herausforderung durch UFO", der sich auf den Anstieg der

---

[16] Bei dieser Aufzählung fehlen die UFO-Erscheinungen am Untersberg an der deutsch-österreichischen Grenze sowie die weiteren seltsamen Erscheinungen rund um dieses Bergmassiv. Auch dort besteht der unmittelbare Zusammenhang, denn in der Gegend um Berchtesgaden gibt es große Salz-Lagerstätten (Anmerkung Werner Betz).

UFO-Sichtungen während des Sommers 1976 im Osten von Frankreich bezieht![17]

In der Tat, in dem Buch „UFO Korsika Base“ von Jean-Pierre Chambraud (Editions du Rocher – erschienen 29. Mai 1979) behauptet die Corsin Michelangelo Mozzigonacci aus dem Dorf Loreto: „Sie verwenden ein Produkt aus Meersalz!“ (Seite 123[18])

Die kontaktierte Michelangelo wäre seit August 1979 in UFO-Aktivitäten verwickelt gewesen! (Siehe Seite 42).

Was Henri Bordeleau in einem dicken Buch an Belegmaterial für seine These anführt, kann ich in diesem Kapitel natürlich nur anhand weniger Beispiele zeigen. Auffallend ist dabei aber die häufige Erwähnung unserer Salzwasserquelle bei Sougraigne. Ich kann daraus nur schließen, dass der Kanadier sich für diesen Platz in ganz besonderen Maße interessiert haben muss, wenn er beispielsweise schreibt: „In Frankreich gibt es zahlreiche Regionen mit Salzvorkommen und hier sind oft Flare-ups von UFOs zu verzeichnen: an den Küsten des Mittelmeers zum Beispiel, wo es im Sommer 1994 im Herault eine Welle von UFO-Sichtungen gab. Aber im benachbarten Departement Aude sind drei Salzlager (Gruissan, La Palme und Saint Lucia)! (Siehe Seite 109) Lasst uns auch nicht den kleinen Fluss La Salz, in der Nähe von Rennes-le-Chateau, vergessen und das Mysterium um den Pic de Bugarach.

[17] Die Sichtungswelle im Jahr 1976 beschränkte sich nicht etwa nur auf den Osten des Landes, sondern betraf ganz Frankreich und Belgien. In ihrem Verlauf waren nicht nur zahlreichte Sichtungen zu verzeichnen, in der näheren Umgebung des Bugarach sollen sich damals drei Landungen ereignet haben. Die spektakulärste, wohl bei La Croix-de-Calvaire beobachtet von etwa 200 Zeugen, unter ihnen fünf Gendarmen. (Quelle: „Ciel on Mardi“ und VSD, unter dem Titel „Les Allumées de Rennes-le-Château“)

[18] Diese und die nachfolgenden Seitenzahlen beziehen sich auf das Buch „UFO Korsika Base“.

Dort, neben Sougraigne, ist vor ein paar Jahren ein UFO gelandet."

Die Bedeutung des Salzes

Salz könnte im Zusammenhang mit der UFO-Problematik eine bisher weitgehend übersehene, aber dennoch wichtige Rolle spielen. Ich folge den Überlegungen und Schlussfolgerungen jetzt noch ein Stück weiter, weil das auf einen Aspekt zielt, der mir, aufgrund eigener Erfahrung, eine Rolle zu spielen scheint – nicht ausschließlich bezogen auf die UFO-Thematik.

Speisesalz ist der am meisten konsumierte Mineralstoff der menschlichen Ernährung. In gelöster Form liegt Kochsalz in Form von positiv geladenen Natrium- und negativ geladenen Chloridionen vor, die eigene Rollen für den Wasserhaushalt, das Nervensystem, die Verdauung und den Knochenaufbau besitzen. Der Körper eines Erwachsenen enthält etwa 150 bis 300 Gramm Speisesalz und benötigt täglich ein bis drei Gramm zum Ausgleich des Verlusts durch Schweiß und Ausscheidungen. Bei einigen Erkrankungen oder starkem Schweißaustritt kann der tägliche Kochsalzverlust 20 Gramm erreichen.

Da es früher für den Menschen schwierig war, an ausreichende Mengen Kochsalz zu kommen, wird eine Salzaufnahme mit einer Dopaminausschüttung belohnt. Die für den Salzappetit verantwortlichen Gene werden mit Drogensucht (Opiate und Kokain) in Verbindung gebracht.

Einige Mineralstoffe befinden sich in einem funktionellen Regelkreis und beeinflussen einander, zum Beispiel Natrium und Kalium, die bei der Nervensignalleitung als Gegenspieler wirken.

Natrium ist eines der Elemente, die für alle tierischen Organismen essentiell sind. Im tierischen Organismus ist Natrium – zusammen mit Chlor – das neunthäufigste Element und stellt – nach Calcium und Kalium – das dritthäufigste anorganische Ion. Damit zählt es physiologisch zu den Mengenelementen. Natrium liegt in Lebewesen in Form von Na+-Ionen vor.

Im menschlichen Körper sind bei einem durchschnittlichen Körpergewicht von 70 kg etwa 100 g Natrium als Na+-Ionen enthalten. Davon liegen zwei Drittel als NaCl und ein Drittel als $NaHCO_3$ vor. Da es im menschlichen Körper 90 % der extrazellulären Elektrolyte ausmacht, bestimmt die Natriumkonzentration über das Gefäßvolumen das Volumen der interstitiellen Flüssigkeit.

Der Natriumgehalt wird streng kontrolliert und ist eng verbunden mit der Regulation des Wasserhaushalts. Die normale Natriumkonzentration im Serum liegt bei etwa 135 – 145 mmol/l. Ist der Natriumspiegel geringer wird von einer Hyponatriämie gesprochen, bei der es zu einer Steigerung des Zellvolumens kommt. Bei einer Hypernatriämie dagegen ist der Natriumspiegel zu hoch und die Zellen schrumpfen. In beiden Fällen wird vor allem die Funktion des Gehirns beeinträchtigt. Es kann zu epileptischen Anfällen und Bewusstseinsstörungen bis hin zum Koma kommen. Eine wichtige Rolle für die Regulation spielen das Renin-Angiotensin-Aldosteron-System, das Adiuretin und Atriopeptin.

Na+-Ionen spielen eine wichtige Rolle bei der Entstehung und Weiterleitung von Erregungen in Nervenzellen (und Muskelfasern). An den Postsynapsen von Nervenzellen (und an der neuromuskulären Endplatte der Muskelfasern) befinden sich bestimmte Rezeptoren, die sich nach ihrer Aktivierung durch Überträgerstoffe (Neurotransmitter), die von der vorangehenden Nervenzelle bei deren Erregung ausgeschüttet werden, öffnen und für Natriumionen durchlässig werden. Durch Natriumeinstrom kommt es zu einer lokalen Änderung des im Grundzustand stabilen Membranpotentials der Zelle. Das Innere wird gegenüber dem Äußeren weniger negativ, man spricht von einer Depolarisation. Ist diese Depolarisation nach dem Weg bis zum Axon noch stark genug, kommt es zur Öffnung eines anderen Natriumkanaltyps. Dabei handelt es sich um die spannungsabhängigen Natriumkanäle des Axons, die die örtliche Depolarisation – gemeinsam mit anderen Ionenkanälen – durch einen bestimmten Öffnungs- und Schließrhythmus weiterleiten. An den Axonen der Nervenzellen entsteht so eine fortlaufende Spannungswelle, das Aktionspotential (zu gut Deutsch Nervenimpuls). Bei der Wiederherstellung des Grundzustandes spielt wiederum die Natrium-Kalium-Pumpe eine essentielle Rolle.

Ich denke, das genügt bereits als Hinweis auf die enorme Bedeutung des Salzes für alle Lebewesen (irdische zumindest). Doch ich wollte ja auf einen ganz bestimmten Aspekt hinaus. Und auf diesen kommt auch der Autor Jan van Helsing in seinem Interview mit einem Hochgradfreimaurer zu sprechen:

„Es ist aber möglich, sich dem Einfluss der Machtausübenden wenigstens für gewisse Zeiträume zu entziehen und sich ein eigenes Bild der Weltsituation zu machen. Dazu muss man sich sorgfältig den allgegenwärtigen energetischen Programmen entziehen. Das ist möglich durch gezieltes Resonanzverhalten ...

Gezieltes Resonanzverhalten ist, wenn die Programme in einer hochfrequenten Schwingung auf den Körper treffen und der Körper durch chemische Mittel aufbereitet ist, dieses Schwingungsverhalten durch entsprechende Materialien zu unterstützen. Ist dies gegeben, dann kann ich diese Programme empfangen. Wenn ich diese Chemikalien, diese resonanzfördernden Mittel und Dinge nicht in meinem Körper habe, bin ich auch nicht in der Lage, diese Botschaften zu empfangen.

Und Fluor ist eine dieser Chemikalien?

Das ist nicht nur Fluor, das sind alle Halogene – Brom, Chlor, Jod. Es sind chemische Elemente. Wenn wir diese im Körper haben, sind wir eher bereit, Sendungen zu empfangen oder als Empfänger dienen zu können, als wenn wir diese Mittel nicht in uns tragen. Diese Mittel, die benötigt werden, um einen Körper resonanzfähig zu machen, sind in der Hauptsache in Medikamenten und in Lebensmitteln – logischerweise in Lebensmitteln, die vorbehandelt sind. Wenn der Mensch sich durch Lebensmittel ernährt, die nicht vorbehandelt sind, dann hat er die größte Chance, nicht auf Sendungen resonant zu sein, die im Hochfrequenzbereich auf ihn einstrahlen …

Es geht also darum, sich so natürlich wie möglich zu ernähren und auf Fertignahrung und Lebensmittel mit chemischen Zusatzstoffen zu verzichten. Ist das eine gute Voraussetzung?

Das ist weitgehend die beste Voraussetzung, nicht resonant zu werden. Wichtig ist, sauberes Wasser zu sich zu nehmen und sauberes Salz. Aber bitte Meersalz oder Himalaya-Salz verwenden und kein Kochsalz. Wenn ich wertvolle und reine, natürliche Salze beziehe und sauberes Wasser trinke, dann kann mir eine geistige Beeinflussung nur schwer zu nahe kommen.“ (Geheimgesellschaften 3. Krieg der Freimaurer, ISBN-13: 978-3938656808)

Van Helsings Interviewpartner äußert dazu noch weitere Details, aber ich denke, anhand des obigen Zitates ist schon klar geworden, worauf ich hinaus will. Denn die besonderen Lebensbedingungen an der Salsquelle garantieren auf ganz natürliche Weise einen wirksamen Schutz gegen die beschriebenen Gefahren der Indoktrination und geistigen Manipulation. Wer an diesem Platz lebt, trinkt zwangsläufig ausschließlich unbehandeltes, sauberes Quellwasser und ist von reinem Salz umgeben und regelrecht durchtränkt – der atmet die sowieso schon bedeutend saubere Luft, welche hier überdies noch mit dem natürlichen Salz angereichert ist …

Jeans Geschichte könnte also auch unter diesem Aspekt etwas abgewonnen werden.

Aber für die von Bordeleau beobachteten Zusammenhänge zwischen dem UFO-Phänomen und dem Salz sind auch noch andere Ursachen vorstellbar. Natrium könnte gut und gerne unter energetischen Gesichtspunkten, genauer als Rohstoff zur Energiegewinnung, als Rohstoff für die Gewinnung von Treibstoffen dienen. Vielleicht ging es den Götterastronauten in der Vergangenheit überhaupt nicht um Gold, wie eine weit verbreitete und gern geglaubte Hypothese es vermuten lässt. Ebenso gut, ja sogar nahe liegender erscheint mir ein Szenario, in dem Natrium anstelle des Goldes Objekt der Begierden von Außerirdischen wäre.

„Natrium ist ein silberweißes, weiches Leichtmetall. In vielen Eigenschaften steht es zwischen Lithium und Kalium. So liegt der Schmelzpunkt mit 97,82° C zwischen dem des Lithiums (180,54° C) und dem des Kaliums (63,6° C). Ähnlich ist dies beim Siedepunkt und der spezifischen Wärmekapazität. Mit einer Dichte von 0,968 g · cm^{-3} ist Natrium eines der spezifisch leichtesten (!!!) Elemente. Von den bei Raumtemperatur festen Elementen haben nur noch Lithium und Kalium eine geringere Dichte. Mit einer Mohshärte von 0,5 ist Natrium so weich, dass es mit dem Messer zu schneiden ist.

Wie die anderen Alkalimetalle ist Natrium ein sehr unedles Element (Normalpotential: -2,71 V) und reagiert leicht mit vielen anderen Elementen und zum Teil auch mit Verbindungen. Die Reaktionen sind vor allem mit Nichtmetallen wie Chlor oder Schwefel, sehr heftig!

Bei feiner Verteilung des Natriums und der damit einhergehenden großen Reaktionsoberfläche kann die Reaktion explosiv (!!!) sein und den Wasserstoff entzünden. Kommt Natrium mit chlorierten Verbindungen wie Dichlormethan, Chloroform, Tetrachlormethan in Kontakt, kommt es unter Bildung von Natriumchlorid zu einer schnellen und exothermen Reaktion!

Von daher wäre eine Antriebstechnologie, überhaupt eine Energietechnik auf der Basis bzw. unter Verwendung von Natrium vorstellbar.

Im Hinblick auf die Resultate der Analyse von Glasproben aus dem „Glasofen" bei der Salsquelle sehe ich sogar einen möglichen konkreteren Zusammenhang. Laut Analyse soll in dem Ofen eine Temperatur von mehr als 2.000° C erzeugt worden sein und die Glasprobe weist Merkmale auf, die darauf hindeuten, dass das Material anschließend einem Abkühlungsprozess ausgesetzt gewesen ist, der mit etwa 100° C in der Sekunde abgelaufen ist. Eine natürliche Abkühlung kann das also nicht gewesen sein, was den Experten Dr. Wolfgang Bockelmann annehmen lässt, dass in dem Ofen ein Gerät installiert gewesen sein könnte, welches im Betrieb die festgestellten hohen Temperaturen erzeugt hat und deshalb gekühlt werden musste. Herr Bockelmann denkt dabei an eine Energiequelle, einen Generator oder eher noch an einen Reaktor. Falls solch ein Reaktor nach dem Prinzip der sogenannten „Schnellen Brüter" konzipiert gewesen wäre, die bekanntlich über eine Natriumkühlung verfügen, liegt doch der Gedanke nahe, dass man einmal in dieser Richtung weiter nach einer Erklärung suchen sollte.

Weitere dokumentierte Vorfälle im Gebiet der Salsquelle

In der französischen Regionalzeitung „Midi Libre" wurde am 9. Juli 1993 unter der Schlagzeile „Geheimnisvolle Feuerkugel in der Heimat der Blanquette" über einen außergewöhnlichen Vorfall am 5. Juli 1993 berichtet:

„Es war 22:20 Uhr an diesem Montag, dem 5. Juli 1993. In ihrem Fahrzeug fuhr eine belgische Urlauberfamilie friedlich auf der kleinen abgelegenen Straße, die Rennes-les-Bains mit Sougraigne im Aude verbindet in Richtung Sougraigne. Auf einen Schlag erhob sich zu ihrer Verblüffung einige Meter vor ihnen eine mächtige Feuerkugel in „gleißender Helle“, für „mehrere zehn Sekunden“ Dauer, die sie Zeugen dieses Phänomens werden ließ, sie waren sowohl erschüttert als auch erschrocken. Daraufhin haben sie beschlossen, eine Aussage vor der Gendarmerie in Couiza zu machen. „Die Feuerkugel ist nur einige Meter entfernt vor uns vorüber geflogen“ beschrieben die Zeugen das fremde Phänomen, und betonten, dass eine sichtbare Kreisspur des Phänomens fortbestehen blieb. Ihre Zeugenaussage wurde ebenfalls bestätigt durch die Aussage eines kanadischen Touristen-Paares. Die Gendarmen haben sich daraufhin vor Ort begeben und haben tatsächlich neben der Straße in einem Feld einen Kreis verbrannter Erde von 10 bis 15 cm Breite und 13 Metern Durchmesser entdeckt. Dieser Standort wurde zum Anziehungspunkt für die Bewohner der Region, die zahlreich kamen, um die mysteriösen Spuren eines vermeintlichen UFOs zu bestaunen. Die Gendarmerie von Couiza schaltete den Service des Expertises Phénomèns de Rentrée Atmospherique (SEPRA) ein, der unter der Autorität von CNES steht und wissenschaftliche Analysen vornimmt.“

Die erste Person, welche wegen dieses Vorfalles kontaktiert wurde, war Jean de Rignies, der in der Region als UFO-Experte galt und weil sich der Vorfall nahe seiner Farm ereignet hatte.

Jean setzte sich daraufhin umgehend mit den Betroffenen Zeugen, der Familie aus Belgien, in Verbindung, welche ihren Urlaub in dem kleinen Hotel in Sougraigne, verbrachte. Der Familienvater war übrigens Linienpilot.

Die Feuerkugel hinterließ wie gesagt einen runden Abdruck im Gras. Eine 10 bis 15 cm breite Furche versengten Grases, die einen geschlossenen Ring bildete. Der Ring hatte einen Durchmesser von 13 bis 14 Meter, war wohl nicht völlig kreisrund. Jean machte natürlich Fotos von dem Platz und von den Untersuchungen, diese geben aber nichts weiter her.

Mit einem Metalldetektor wurden sowohl die Furche als auch das gesamte Areal des Kreises (auch außen herum) abgesucht. Außer einem Hufeisen und anderen kleinen metallischen Objekten, die eindeutig als Schrott identifiziert werden konnten, fand sich nichts Ungewöhnliches.

Einige Tage später fand sich an dem Ort noch ein Privatforscher ein (ein Freund von Jean de Rignies, derselbe, der mit dem Protonenmagnetometer an den Glasöfen das Objekt im Untergrund ortete), der jahrelang NASA-Mitarbeiter gewesen war. Er untersuchte den Platz auf Spuren erhöhter Radioaktivität und andere mögliche physikalische oder chemische Anomalien. Aufgrund der Ergebnisse seiner Untersuchungen meinte er natürliche Ursachen für die Brandspur ebenso ausschließen zu können wie menschliche Manipulation.

In den Jahren meines Aufenthalts in der Domaine de la Sals erzählten mir Jeans alte Freunde zahlreiche ähnlich lautende Geschichten, zumeist aus eigenem Erleben. Franck Marie aus Esperaza beispielsweise: Der damals 57 Jahre alte Konstrukteur campierte im Sommer 1985 am Pech de Bugarach. Während er des Nachts den prächtigen Sternenhimmel über sich bewunderte, schob sich plötzlich ein hell leuchtendes Objekt in sein Sichtfeld, dessen Leuchten mitunter von grellen Lichtblitzen überstrahlt wurde. Über einen Zeitraum von etwa vier Stunden hinweg beobachtete er fasziniert das rätselhafte Objekt. Das Erlebnis veränderte sein Leben. Er beendete seine berufliche Karriere, gründete eine Forschungsgesellschaft und widmete sich der Untersuchung des UFO-Phänomens. Zu Jean de Rignies stand er über viele Jahre hinweg in freundschaftlichem Kontakt.

Alles ist möglich!

von Werner Betz

Die Kette der Berichte über Sichtungen von UFOs reißt seit vielen Jahren nicht ab. Es gibt Verfechter unterschiedlicher Theorien über deren Herkunft und Ursprung und es gibt Skeptiker und Zweifler, die ihre Existenz grundsätzlich in Frage stellen bzw. verneinen. Es gibt Berichte von vielen Menschen, die Kontakt mit den Besatzungen dieser Objekte hatten – und es gibt zahlreiche Zeitgenossen, die diese Menschen nicht ernst nehmen und ihre Berichte als unglaubhaft darstellen. Doch mir ist kein Fall bekannt, in dem ein von Außerirdischen Kontaktierter solche umfangreichen und detailreichen Aufzeichnungen hinterlassen hätte wie Jean de Rignies.

In diesem Fall gibt es neben den Berichten sogar mindestens ein archäologisch absolut rätselhaftes Artefakt. Dennoch wird es auch hier Zweifler geben und Menschen, die sagen, dass es doch all das überhaupt nicht geben kann. Wo soll dieser Lilor denn hergekommen sein? Von einem fernen Planeten in einer anderen Galaxie – aus der Vergangenheit oder gar aus der Zukunft – aus einer parallelen Welt? Das ist doch alles gar nicht möglich und physikalische Konstrukte wie Wurmlöcher, Portale oder Zeitreisen sind doch rein theoretischer Natur und bisher noch nicht nachgewiesen worden. Doch sind sie deshalb unmöglich? Und ist es wirklich so, dass man sie noch nicht nachgewiesen hat?

Einige Meldungen der jüngsten Vergangenheit haben mir gezeigt, dass die Physiker inzwischen auf Gebieten praktisch forschen, die in den vergangenen Jahrzehnten der reinen Theorie vorbehalten und durchaus umstritten waren. Sie können es sich nicht vorstellen? Dann folgen Sie mir jetzt auf einen kleinen Exkurs, in dem ich auf ein paar Erkenntnisse der „modernen Physik“[19] eingehen möchten, die bis vor kurzem noch undenkbar schienen.

Die neuesten Entwicklungen der Quantenphysik machen vieles möglich, so lässt sie zum Beispiel die Zeit rückwärst laufen! Wie bitte? – Das ist doch nach den bisherigen Erkenntnissen der Physik praktisch unmöglich! Aber doch: Mit Hilfe eines Quantencomputers ist einer Gruppe von russischen, schweizer und amerikanischen Physikern offenbar das Unmögliche gelungen: Für wenige Sekundenbruchteile haben sie Quantenbits dazu gebracht, sich rückwärts zum eigentlich vorwärts verlaufenden Zeitstrahl der Thermodynamik zu entwickeln.[20]

Auf der Website von Grenzwissenschaft-aktuell.de lesen wir weiter: *„Wie das Team um Gordey Lesovik vom Moskauer Institut für Physik und Technologie in (MIPT) gemeinsam mit Kollegen aus der Schweiz und den USA aktuell im Fachjournal „Scientific Reports“ berichtet, nahmen die sogenannten Qubits dabei nicht wie gewohnt chaotische Zustände an, sondern sprangen auf ihren ursprünglich geordneten Ausgangszustand zurück.*

‚Hierbei handelt es sich um eine von mehreren Untersuchungen über Möglichkeiten, das zweite Gesetz der Thermodynamik zu aus-zuhebeln‘, erläutert Lesovik und führt dazu weiter aus: ‚Dieses Gesetz ist eng mit der Vorstellung des Zeitstrahls verbunden, der sich demnach lediglich in einer Richtung – aus der Vergangenheit Richtung Zukunft bewegen sollte.‘ In ihren Experimenten haben die

---

[19] Als moderne Physik gilt die Phase innerhalb der Entwicklung physikalischer Ideen, in der wesentliche Konzepte der klassischen Physik aufgehoben oder deren Grenzen bewusst gemacht wurden. (Definition, Quelle: Wikipedia)

[20] https://www.grenzwissenschaft-aktuell.de/quantencomputer-experiment-kehrt-die-zeit-um20190314/

Physiker nun künstlich einen Quantenzustand erzeugt, der sich gegen diesen ‚thermodynamischen Zeitstrahl' entwickelt hatte."

nature > scientific reports > articles > article

a natureresearch journal

MENU ∨ SCIENTIFIC REPORTS

Search E-alert Submit Login

Article OPEN Published: 13 March 2019

Arrow of time and its reversal on the IBM quantum computer

G. B. Lesovik, I. A. Sadovskyy, M. V. Suslov, A. V. Lebedev & V. M. Vinokur

Scientific Reports **9**, Article number: 4396 (2019) Download Citation

Download PDF

0 Citations 1026 Altmetric Article metrics

Sections Figures References

Abstract
Introduction
Reversal of The Spreading Wave Packet
General Time Reversal Algorithms
Time Reversal Experiment
Conclusion
Additional information
Data Availability
References
Acknowledgements
Author information
Supplementary information
Rights and permissions
About this article

Abstract

Uncovering the origin of the "arrow of time" remains a fundamental scientific challenge. Within the framework of statistical physics, this problem was inextricably associated with the Second Law of Thermodynamics, which declares that entropy growth proceeds from the system's entanglement with the environment. This poses a question of whether it is possible to develop protocols for circumventing the irreversibility of time and if so to practically implement these protocols. Here we show that, while in nature the complex conjugation needed for time reversal may appear exponentially improbable, one can design a quantum algorithm that includes complex conjugation and thus reverses a given quantum state. Using this algorithm on an IBM quantum computer enables us to experimentally demonstrate a backward time dynamics for an electron scattered on a two-level

Abb. 37: Screenshot der Seite „Scientific Reports" mit der Meldung über die Umkehr der Zeit.[21]

Man kann dem natürlich entgegen halten, dass dieser Nachweis doch nur in einem winzigen Bereich gelungen ist, doch das Beispiel soll doch dazu dienen, zu zeigen, dass nichts unmöglich ist. Also auch nicht das Auftauchen von Objekten aus einer fernen Zukunft? Oder kommen die UFOs aus parallelen Welten – ist das noch weniger denkbar? Können überhaupt zwei Versionen der Realität gleichzeitig existieren?

In der theoretischen Physik wird diese Möglichkeit schon lange diskutiert. Aber auf Quantenebene ist das sogar möglich,

[21] https://www.nature.com/articles/s41598-019-40765-6)

haben Forscher nun enthüllt. In Experimenten haben die Wissenschaftler eine jahrzehntealte Frage beantwortet: Bei dem Gedankenexperiment ging es darum, dass zwei Beobachter, die dasselbe Lichtteilchen untersuchten, zwei verschiedene Entdeckungen machen können – und beide recht haben.[22] Wie hat man sich das vorzustellen?

Die Kronen-Zeitung berichtet: *„Wissenschaftler schafften es nun erstmals, die Bedingungen des Gedankenexperiments herzustellen und zu überprüfen. Es ist möglich, dass ein Photon, das von zwei Beobachtern betrachtet wird, in zwei verschiedenen Zuständen beschrieben wird. Dabei trifft jede der widersprüchlichen Realitäten zu. ‚Man kann beide belegen', sagt einer der Autoren der Studie, Martin Ringbauer von der Abteilung für experimentelle Physik an der Universität Innsbruck.*

Die Idee stammt vom Nobelpreisträger Eugene Wigner. Wenn ein Lichtteilchen von einem Beobachter in einem isolierten Labor betrachtet wird, kann dieser feststellen, ob die Achse, auf der es sich dreht (seine Polarisation), entweder vertikal oder horizontal ist. Vor der Beobachtung zeigt das Photon beide Polarisationen gleichzeitig an – gemäß den Gesetzen der Quantenmechanik. Es existiert in einer ‚Überlagerung' von zwei möglichen Zuständen.

Erst wenn die Polarisation gemessen wird, nimmt das Teilchen fix einen bestimmten Zustand an. Doch für jemanden außerhalb dieses geschlossenen Labors, der das Ergebnis nicht kennt, befindet sich das Teilchen noch immer im Zustand der Überlagerung. Die Realitäten weichen also ab, je nachdem, ob man sich innerhalb oder außerhalb des Labors befindet. Doch keine dieser widersprüchlichen Beobachtungen wird laut Quantenmechanik als falsch angesehen.

---

[22] https://www.krone.at/1887588?fbclid=IwAR0WTHJGEJmr4RutGlEZVDOm FbvnPHqNNITYW4UMEtMHNnAt_8oVMT58nnQ

Lange Zeit war Wigners Idee nur ein Gehirngespinst. Durch Fortschritte in der Physik war es nun möglich, dies auch zu überprüfen."

Auch hier geht es natürlich nur um Teilchen und nicht um komplexe Gegenstände, könnte man einwenden. Aber auch hier gilt das gleiche: Ist das, was aufgrund des derzeitigen Standes unserer wissenschaftlichen Forschungen erst im Kleinen nachgewiesen werden kann, denn im Großen undenkbar?

Kam Lilor also vielleicht aus einer Parallelwelt oder aus einer anderen Dimension? Er behauptete aber, Kommandant eines UFOs zu sein, das von einem fernen Planeten kommt. Dagegen spricht oberflächlich natürlich zunächst einmal die immense Entfernung, die er zurückgelegt haben müsste, was für uns nicht vorstellbar ist, weil die von unseren Technikern bisher entwickelten Antriebssystem hierfür überhaupt nicht geeignet sind. Man könnte jetzt über andere, fremdartige Raketenantriebe spekulieren, aber viel einfacher wäre es doch, durch ein sogenanntes Wurmloch zu reisen und damit ganz einfach die „Abkürzung" zu nehmen. Das kennt der Leser vielleicht aus der Science-Fiction, zum Beispiel aus Serien oder Filme wie *Star-Trek* oder *Stargate*.

Doch Moment – das Wurmloch ist auch wieder ein rein theoretisches Gebilde, das bisher noch nie nachgewiesen werden konnte. Doch gerade das fasziniert die Physiker, weiter danach zu forschen und theoretische Überlegungen anzustellen, was mit Hilfe von einem Wurmloch alles möglich wäre. So stellte auch Stephen Hawking (1942 – 2018) in seinem Buch *Das Universum in der Nussschale* zahlreiche Überlegungen dazu an, welche praktischen Auswirkungen nutzbare Wurmlöcher zur Folge hätten.

Wurmlöcher ergeben sich aus speziellen Lösungen (Kruskal-Lösungen) der Feldgleichungen der allgemeinen Relativitätstheorie und wurden erstmals im Jahre 1935 von Albert Einstein und Nathan Rosen beschrieben und deshalb ursprünglich Einstein-

Rosen-Brücke genannt. An dieser Stelle auf die Physik der Wurmlöcher einzugehen, würde natürlich den Rahmen sprengen. Die Vorstellungskraft des Lesers ist ohnehin schon sehr strapaziert, aber ein paar Fakten dazu erscheinen mir als Überleitung zu einem letzten Thema aus neueren physikalischen Forschungen interessant.

Wurmlöcher sind in der allgemeinen Relativitätstheorie instabil. Einige Wissenschaftler wie Kip Thorne kommen zu dem Ergebnis, dass eine Instabilität der Wurmlochverbindung nur durch sogenannte exotische Materie verhindert werden könne. Er konstruierte unter der Annahme von deren Existenz Modelle in beiden Richtungen durchquerbarer Wurmlöcher (Morris-Thorne-Wurmloch 1988). Die exotische Materie hat die Eigenschaft, in einem bestimmten Raumgebiet (dort, wo das Wurmloch sein soll) antigravitativ zu wirken (genauer: es hat eine negative mittlere Energiedichte). Bisher ist allerdings keine Möglichkeit bekannt, wie man exotische Materie herstellen, geschweige denn, wie man damit Wurmlöcher bauen kann.

Also sind auch exotische Materie und Antigravitation wieder nur reine Theorie? Ein Blick in ein populärwissenschaftliches Lexikon bestätigt diese Annahme: *In der Physik geht man daher bislang davon aus, dass sich massebehaftete Teilchen aufgrund der Gravitation anziehen und es keine Antigravitation mit entgegengesetzter Wirkung gibt. Einzelne Forschungsarbeiten, die von anderen Ergebnissen berichten, werden mit großer Skepsis betrachtet und konnten die Fachwelt nicht überzeugen.*[23]

Die Gravitation ist eine der vier Grundkräfte der Physik, doch sie gibt uns von allen die meisten Rätsel auf. So nimmt sie mit zunehmender Entfernung der Massen ab, besitzt aber unbegrenzte Reichweite. Auch hat man inzwischen die – physikalisch

[23] https://de.wikipedia.org/wiki/Antigravitation

noch nicht belegte – Vermutung, dass es sogenannte Gravitationsanomlien auf der Erde gibt, die wieder andere merkwürdige Erscheinungen wie Zeitanomalien zur Folge haben könnten.[24] Auch das ist sehr umstritten, doch eine im Jahr 2018 veröffentlichte Entdeckung dreier US-Physiker eröffnet hier neue Perspektiven.

Bislang gingen die meisten physikalischen Theorien davon aus, dass Schall- und Klangwellen keine Masse besitzen oder mit sich führen. Vielmehr soll es sich eher um eine Bewegung von Molekülen und damit einhergehende Kollisionen handeln. Auf diese Weise kann Klang aber auch nicht von der Schwerkraft beeinflusst werden. Nun erläuterten 2018 Angelo Esposito, Rafael Krichevsky und Alberto Nicolis von der Columbia University vorab via *ArXiv.org* und dann in dem Fachjournal *„Physical review Letters“*[25], dass diese bisherigen Theorien aber nicht vollständig sämtliche bislang gemachten Beobachtungen erklären.

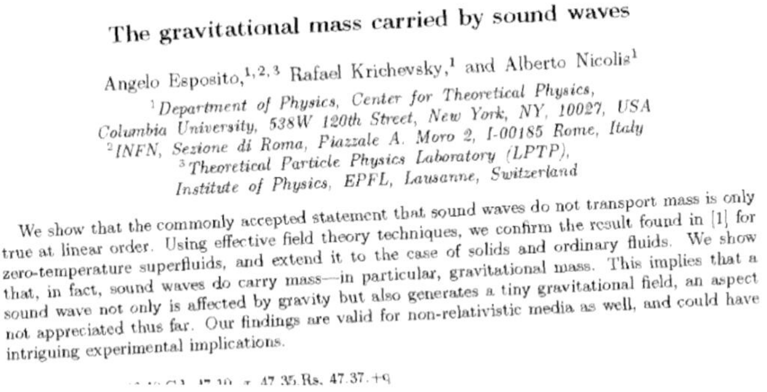

The gravitational mass carried by sound waves

Angelo Esposito,[1,2,3] Rafael Krichevsky,[1] and Alberto Nicolis[1]

[1] Department of Physics, Center for Theoretical Physics, Columbia University, 538W 120th Street, New York, NY, 10027, USA
[2] INFN, Sezione di Roma, Piazzale A. Moro 2, I-00185 Rome, Italy
[3] Theoretical Particle Physics Laboratory (LPTP), Institute of Physics, EPFL, Lausanne, Switzerland

We show that the commonly accepted statement that sound waves do not transport mass is only true at linear order. Using effective field theory techniques, we confirm the result found in [1] for zero-temperature superfluids, and extend it to the case of solids and ordinary fluids. We show that, in fact, sound waves do carry mass—in particular, gravitational mass. This implies that a sound wave not only is affected by gravity but also generates a tiny gravitational field, an aspect not appreciated thus far. Our findings are valid for non-relativistic media as well, and could have intriguing experimental implications.

Abb. 38: Der komplette Forschungsbericht der drei Physiker in englischer Sprache kann auf der Website der Cornell University eingesehen werden.[26]

---

[24] Mario Rank: Der Untersberg ruft. Ancient Mail Verlag, Groß-Gerau, 2018

[25] https://journals.aps.org/prl/abstract/10.1103/PhysRevLett.122.084501

[26] https://arxiv.org/abs/1807.08771

Doch was bedeutet das jetzt: *In den vergangenen Jahren haben Physiker versucht, das Verhalten von Schallwellen anhand deren kleinstem Bestandteil, dem sogenannten Phonon, zu beschreiben … Auf diese Weise ist es Physikern möglich, Prinzipien auch auf Schall anzuwenden, die bislang nur auf wirkliche Teilchen angewandt werden konnten. Bislang ging aber noch kein Physiker soweit wie Nicolis, Esposito und Krichervsky und behaupteten, dass es sich bei den auch als Schallquanten bezeichneten Phononen tatsächlich um Teilchen handelt, die dann auch Masse und somit auch negative Gravitation besitzen könnten.*

Um ihre Theorie bildhaft zu beschreiben, verwenden die Wissenschaftler das Bild eines mit einer Flüssigkeit gefüllten Containers: In einer mit Wasser gefüllten Tasse sind die Wasserpartikel am Boden der Tasse dichter als an der Oberkannte. Der Grund hierfür ist, dass die Teilchen von der Schwerkraft nach unten gezogen werden. Allgemein ist zugleich bekannt, dass sich Klang schneller fortbewegt, wenn er dichteres Material durchdringt.

Das Physiker-Trio fragt nun, was mit den Phononen passiert, wenn diese auf die beschriebenen Unterschiede treffen. Als Antwort schlagen sie vor, dass ein Phonon, nach oben abgelenkt und auf diese Weise tatsächlich Eigenschaften negativer Gravitation aufweisen würde.[27]

Die Physiker räumen ein, dass dieser Effekt zu gering wäre, als dass er mit bisheriger Technologie überhaupt gemessen werden könnte, aber sie erhoffen sich doch, dass der Effekt vielleicht schon bald nachweisbar sein und ihre Theorie damit überprüfbar werden wird.

---

[27] https://www.grenzwissenschaft-aktuell.de/update-theoretische-antigravitation-schallwellen-koennten-masse-haben20190307/

Aber Moment – wir dachten doch bis vor wenigen Seiten, dass es eine Antigravitation gar nicht gibt! So schnell ändern sich die Erkenntnisse …

Es ist unumstritten, dass immer wieder, mitunter in ganzen Regionen, Geräusche – oft tieffrequente Brummtöne – gehört werden, deren Ursache und Quelle nicht lokalisierbar ist, so wie es in den Jahren 1999 und 2000 in Baden-Württemberg der Fall war.[28] Doch ich möchte nochmal an Udo Vits‘ Erlebnis im Jahr 2008 erinnern, von dem er weiter vorn berichtet – ein Geräusch, das nicht nur er wahrgenommen hatte – vergleichbar mit Technomusik, von der nur die tiefen Frequenzen eines Subbasses zu hören waren.

Ich möchte an dieser Stelle nicht wild spekulieren, ob diese Geräusche vielleicht mit Gravitation, Antigravitation oder gar mit Wurmlöchern im Zusammenhang stehen, doch ich möchte nicht ausschließen, dass sie zumindest mit physikalischen Anomalien in Verbindung stehen könnten, die längst nicht alle erkannt und noch weniger erforscht sind. Auch weise ich darauf hin, dass es sich bei diesen Ausführungen nicht um eine wissenschaftliche Arbeit handelt, sondern dass ich mit den aufgeführten Beispielen lediglich deutlich machen möchte, dass inzwischen vieles erklärbar und nachweisbar ist, was bis vor wenigen Jahren noch als Science Fiction galt.

Die weiteren Forschungen, insbesondere der Physiker, werden zeigen, inwieweit diese Erkenntnisse in Zukunft umgesetzt und genutzt werden können. Vielleicht wird es dann nicht mehr lange dauern, bis wir verstehen, was Jean de Rignies sowohl in Marokko als auch in der Gegend um die Salsquelle widerfahren ist. Aber auch bis dahin sollte uns nichts davon abhalten, uns ernsthaft mit seinen Erlebnissen und Berichten auseinanderzusetzen, wenn

[28] https://www.lubw.baden-wuerttemberg.de/laerm-und-erschuetterungen/tieffrequente-gerausche-und-brummton

meine Ausführungen ihren Zweck erfüllt haben und dem Leser gezeigt haben: Alles ist möglich!

Abb. 39: Dieses unscheinbare, ein wenig verwitterte und daher schlecht lesbare Schild an der Route départementale D 74 im Salstal weist Besuchern den Weg zum Ort der mysteriösen Geschehnisse. (Foto: Werner Betz)

Danksagung

Ich bin zwar nur einer von drei Autoren dieses Buches, aber da ich die Arbeit daran koordiniert habe und letztlich auch als Herausgeber fungiere, möchte ich hier die Gelegenheit ergreifen und ein großes Dankeschön aussprechen!

Dieses gilt zunächst Udo Vits, der etliche Jahre an der Sals lebte und den unmittelbaren Kontakt zur Familie von Jean de Rignies und weiteren Beteiligten hatte, wodurch ihm Zugriff auf zahlreiche Dokumente aus Jeans Besitz gewährt wurde. Ohne das wäre es gar nicht möglich gewesen, die ganze Geschichte so detailliert zu dokumentieren, wie er es getan hat!

Zum anderen danke ich Sonja Ampssler, mit der ich seit vielen Jahren gemeinsam forsche und recherchiere. Bei den zahllosen langen, kreativen Gesprächen und Diskussionen mit ihr entstehen die besten Ideen und Lösungsansätze, die unsere Arbeit regelmäßig voranbringen.

Last not least danke ich der Übersetzerin Kerstin Kämpf, die sich mit großem Engagement intensiv mit den Aufzeichnungen von Jean de Rignies auseinandergesetzt hat, damit sie in diesem Buch als Forschungs- und Diskussionsgrundlage veröffentlicht werden und damit der Nachwelt erhalten werden können.

Ohne Euch hätte das Buch nie entstehen können!

Herzlichst
Werner Betz

Bildquellen

Die Herkunft der Bilder bzw. ihre Urheber sind hinter jeder Abbildung vermerkt bzw. bei umfangreicheren Quellen in Fußnoten gekennzeichnet.

Obwohl sich Verlag und Autor bemüht haben, zu sämtlichen Abbildungen dieses Buches die entsprechende Nachdruckerlaubnis einzuholen, ist es nicht in allen Fällen gelungen, die jeweiligen Inhaber der Rechte ausfindig zu machen. Sofern diese uns aber in Kenntnis setzen, sind wir selbstverständlich darum bemüht, die Inhaber der betreffenden Bildrechte in künftigen Ausgaben namentlich zu nennen.

Literatur zum Untersberg und weiteren faszinierenden Themen finden Sie im Verlagsprogramm des Ancient Mail Verlags:

Werner Betz

Kräfte aus dem Nichts?

Geheimnisvolle Orte und rätselhafte Energien

Neuauflage, ISBN 978-3-95652-251-2,
Din A5, Paperback, 206 Seiten,
über 70 Farb-Abbildungen, **€ 18,50**

Warum wurde die Kathedrale von Chartres genau an dem Platz erbaut, an dem sie heute steht und warum finden wir in der Bretagne kilometerlange Reihen von Menhiren, die einst unter großem Aufwand dort errichtet wurden? Wie entstand in einem Megalith-Bauwerk eine Temperatur von 2.000° C, so dass die Oberflächen der Steine verglasen konnten?

Bei diesem Buch handelt es sich um die Geschichte einer Entdeckung. Auf der Suche nach der Ursache der Kräfte, die an besonderen Orten wie Kultstätten oder Wallfahrtsorten wirken, haben Werner Betz und Sonja Ampssler Zusammenhänge aufgedeckt, die nahe legen, dass hier tatsächlich eine Energie im physikalischen Sinn im Spiel ist. Zu diesem Zweck haben sie eine Messmethode entwickelt, mit der sie nachweisen können, dass der Ausschlag einer Wünschelrute nichts mit „Esoterik" zu tun hat, sondern das Ergebnis einer messbaren Kraft ist. Die hierfür benötigten Hilfsmittel sind einfach zu beschaffen und das Verfahren kann von jedermann ohne großen Aufwand angewendet werden. Überraschungen erlebten die beiden auf ihren Reisen in Europa immer wieder vor allem in traditionsreichen Kirchen und Gebäuden, aber auch bei Menhiren, Dolmen und Megalith-Bauten. Damit können sie belegen, was bisher nur vermutet wurde, nämlich dass diese in einem unmittelbaren Zusammenhang mit einer Energie stehen, die von den Menschen vielleicht bald wirtschaftlich genutzt werden kann.

Der Weg zu dieser Erkenntnis war spannend und hat viele neuen Fragen aufgeworfen und einige davon sogar beantworten können. Alle Schauplätze, an denen die Autoren recherchiert haben, sind durch zahlreiche Fotos dokumentiert und anschaulich vorgestellt.

Udo Vits

Der Muezzin von Rennes-le-Château

ISBN 3-935910-16-9, 355 Seiten, Paperback, 49 Abbildungen, **€ 19,50**

Ist denn nicht längst schon alles geschrieben worden, über die Entdeckung geheimer Dokumente und eines gewaltigen Schatzes – auch von den sterblichen Überresten Jesus ist oft die Rede – in Rennes-le-Chateau, im Südwesten von Frankreich, die einen bettelarmen Dorfpfarrer zum Multimillionär, wenn nicht zum Milliardär gemacht haben sollen?

Dennoch ist das Rätsel immer noch ungelöst und Udo Vits hat in aufwändigen Recherchen bisher unbekannte Details ans Licht gebracht. Das Bild der mehr oder weniger von der römischen Kirche diktierten Geschichtsschreibung könnte tiefe Risse davontragen, die unserem Blick einiges von den verheimlichten und entstellten wirklichen historischen Ereignissen offenbaren.

Vieles weist darauf hin, dass im Süden Frankreichs, im Aude-Tal, der Schlüssel zu jenem Geheimnis verborgen liegt. Die Funde Bérenger Saunières bestanden allem Anschein nach nicht nur aus Gold und Pretiosen allein.

Alle in diesem Buch gestellten Fragen bewegen sich letztlich einzig und allein um die Kernfrage: **Was ist tatsächlich dran, an dem Mythos Rennes-le-Château?**

Dr. Tamás Lajtner

Die messbare Kraft der Gedanken

Neuentdeckte Beziehungen, erstaunliche Möglichkeiten

ISBN 978-3-95652-241-3, Paperback, Din A5, 268 Seiten, 150 zum Teil farbige Abbildungen, **€ 19,50**

Der Gedanke hat Kraft. Sie ist fähig, reale Objekte zu bewegen. Das ist eine Tatsache. Warum ist dieser Fakt nicht bekannt?

Weil er mit unseren wissenschaftlichen Dogmen im Konflikt steht. Die Gedankenkraft ist eine neue, unbekannte Kraft. Diese Form der Kraft zeigt sich in vielen Erscheinungen und Rätseln. Sie taucht in der Physik, in der Kommunikation der Tiere, in antiken Baukonstruktionen, in der Liebe und in der Expansion des Universums auf. Sie erscheint in der menschlichen Gesichtserkennung, in der Schöpfung des Lebens und des Bewusstseins, und sie ermöglicht es Fußballfans sogar, das Match zu gewinnen. Diese Phänomene scheinen voneinander unabhängig zu sein.

In diesem Buch fasst der Autor sie in einem System zusammen, in dem die versteckten Beziehungen sichtbar gemacht werden.

Verändern wir die physischen Theorien von Zeit und Raum, lösen sich die Rätsel von selbst.

Das Buch ist in einem lesefreundlichen, einfach verständlichen und ganz persönlichen Stil - mit Humor und mit vielen Bildern - geschrieben.

Mario Rank

UFOs über Österreich

Hirngespinste? Außerirdische? Geheime Mächte?

ISBN 978-3-95652-.237-6, Din A5, Paperback, 200 Seiten, 33 zum Teil farbige Abbildungen, **€ 18,50**

Die Existenz unidentifizierbarer Flugobjekte, kurz UFOs genannt, bestreitet heute kaum jemand. Doch welches Geheimnis steckt hinter dem Phänomen, das seit Jahrzehnten für hitzige Diskussionen sorgt?

Der Wiener Forscher, Medienprofi und Kongressveranstalter Mario Rank belegt im vorliegenden UFO-Report, dass auch die Alpenregion nicht vom Himmelsspuk verschont wird. Unheimliche Begegnungen und rätselhafte Lichterscheinungen werden vom Autor gewissenhaft hinterfragt und analysiert. Dabei kommt Mario Rank zugute, dass er mit internationalen Experten und Forschungsgruppen seit Jahren eng zusammenarbeitet, um das Geheimnis der UFOs zu enthüllen. Die bisherigen Studien zeigen immer deutlicher: Wir sind nicht allein!

Was geschieht scheinbar unbemerkt über unseren Köpfen? Und wie gehen die Medien mit diesem umstrittenen Thema um? Wirklich immer vorurteilsfrei und ehrlich?

Kritisch wird die Spreu vom Weizen getrennt und Irrtümer enttarnt. 2 bis 5% Rest an ungelösten und gut dokumentierten Fällen bleiben aber dennoch! Zuviel um die Vorfälle einfach zu ignorieren oder als „Hirngespinst" abzutun. Diese UFO-Belege entziehen sich weiterhin hartnäckig jeder vernünftigen Deutung. Selbst Nahkontakte, wo Menschen direkt von Lichterscheinungen erfasst oder gar entführt wurden, sind im deutschsprachigen Raum bezeugt. Hier beginnt die große und spannende Herausforderung für die Wissenschaft. Warum wird sie nicht angenommen?

Philip Mantle

Roswell 1947 und der Alien Autopsie Film

ISBN 978-3-943565-98-0, DIN A5, Paperback, 386 Seiten, 67 s/w-Abb., 22 Farbfotos, **€ 19,50**

Im Juli 1947 ist über der Wüste von Neu Mexico, USA ein unbekanntes Flugobjekt abgestürzt. Handelte es sich wirklich nur um einen Wetterballon oder um ein geheimes Militärprojekt oder etwa um ein UFO aus den Tiefen des Alls? Augenzeugen sind sich sicher, dass ein Raumschiff samt seiner außerirdischen Insassen dort abgestürzt ist und vom Militär geborgen wurde. Dieser Fall ist auch heute noch der berühmteste und rätselhafteste in der Geschichte der UFOS.

1995 wurde dieser Fall plötzlich noch einmal aufgerollt und um ein zusätzliches Mysterium erweitert: der Londoner Geschäftsmann Ray Santilli präsentierte der erstaunten Öffentlichkeit Filmmaterial von dem besagten UFO Absturz, der unter anderem die angeblich echte Autopsie eines außerirdischen Wesens zeigte!

Der Film rief Befürworter und Gegner auf den Plan und wurde zum kontroversesten Film der Welt. Der damalige Chef der Britischen UFO Forschungsgesellschaft, Philip Mantle, machte es sich zur Aufgabe, das Geheimnis hinter dem Film zu ergründen. Zusammen mit einem Team von Kollegen aus aller Welt befragte er Augenzeugen und Beteiligte und holte Expertenmeinungen ein. Hartnäckig recherchierte er 14 Jahre lang, bis er das Geheimnis gelöst hatte.

Und jetzt, nach all den Jahren legt er seinen kompletten und aktualisierten Bericht über den Autopsie Film vor und zwar erstmals auch auf Deutsch!

Mit einem Vorwort der deutschen Ausgabe von Alexander Knörr

Roland Roth

Die fremde Dimension

Begegnungen mit dem Unfassbaren und anderen Realitäten

ISBN 978-3-95652-116-4, Din A5, Paperback, 223 Seiten, 40 zum Teil farbige Abb., **€ 17,80**

Sind Zeitrisse, Dimensionssprünge und merkwürdige Begegnungen real? Sind die unheimlichen Erlebnisse, die manche von uns schon einmal erlebt haben, Belege für die Interaktion von verschiedenen Universen? Sind lebende Tote nur eine Erfindung aus Hollywood? Können Menschen in anderen Dimensionen verloren gehen? Sind seltsame Wesen gar vielleicht aus fremden Welten in unsere Realität gelangt?

Kommen Sie mit auf eine Spurensuche über kosmische Rätsel und unseren Ursprung, über bizarre Lebensformen in unbekannten Tiefen und fremden Welten. Folgen Sie dem Autor zu einer Achterbahnfahrt der Mysterien und riskieren Sie einen facettenreichen Blick in die phantastische Welt der Realität.

Unsere Geschichte ist voller Rätsel –

Wir wollen helfen, sie zu lösen !

Bücher und Informationen zu den Themenkreisen Archäologische Rätsel dieser Welt, Paläo-SETI, Grenzwissenschaften, Sagen und Mythen.

Fordern Sie einfach *kostenlose* weitere Informationen an – per Postkarte, Fax, Telefon oder eMail beim

Ancient Mail Verlag • Werner Betz
Europaring 57, D-64521 Groß-Gerau
Tel. (00 49) 61 52/5 43 75, Fax (00 49) 61 52/94 91 82
eMail: ancientmail@t-online.de
www.ancientmail.de